Ludwig Bürchner

Die Insel Leros

Ludwig Bürchner

Die Insel Leros

ISBN/EAN: 9783743312685

Hergestellt in Europa, USA, Kanada, Australien, Japan

Cover: Foto ©Andreas Hilbeck / pixelio.de

Manufactured and distributed by brebook publishing software (www.brebook.com)

Ludwig Bürchner

Die Insel Leros

Unter den Stätten, die lange vor Beginn unserer Zeitrechnung Sitze der Gesittung waren, gibt es nicht viele, die in unseren Tagen in Mitteleuropa so sehr der Verschollenheit anheimgefallen sind, wie ausser gewissen Landstrichen Kleinasiens die dessen Westsaum vorgelagerten Inseln des östlichen Mittelmeerbeckens, die „Greek Islands", die Lord *Byron* wegen ihrer Naturreize mit fast überschwenglichen Worten gepriesen hat. Selbst Krete, Thera, Delos, Lesbos, Chios, Samos, Rhodos ziehen die Aufmerksamkeit weiterer Kreise in Europa nur vorübergehend auf sich.

Wenn ich es unternehme, auf den folgenden Seiten eine kleine Insel, deren Bewohner immerdar in politischer Hinsicht ein Stilleben führten, in Erinnerung zu bringen, so geschieht es, weil in eng umschränktem Rahmen etwas Abgeschlossenes geboten werden kann, und weil in dem Dargebotenen der eine oder andere Abschnitt auch für Schüler unserer humanistischen Lehranstalten anziehend sein dürfte. Die Gliederung dieser Monographie ist leicht zu übersehen, zwei Verzeichnisse, eines der griechischen choro- und topographischen Namen und ein anderes der wichtigsten Gegenstände der Beschreibung, ermöglichen eine leichte Benützung des Textes und der Karte.

Frühere Forschungen.

a) Reisebeschreibungen.

Die Insel Leros, eine der südlichen Sporaden, von der Mitte ihrer Ostküste aus 35 km von der Trümmerstätte des alten Myndos auf der halikarnassischen Halbinsel entfernt, ist wegen ihrer guten Häfen bei Seeleuten und den Verfassern von Segelanweisungen vom alten Anonymus stadiasmi maris magni (§ 273 ss.) bis auf die mittelalterlichen Seekarten der Italiener und die allerneueste Zeit stets gut bekannt gewesen; von Reisenden, die wissenschaftliche Zwecke verfolgten, ist sie nicht oft besucht worden. Viele Jerusalempilger erwähnen ihren Namen, schon *Saewulf* (1102) und der russische Abt *Daniil* (1106). Zu Anfang des XV. Jahrhunderts erhielt der Priester Cristoforo *Buondelmonti* (von anderen auch *Bon de Fiorenza* genannt), ein junger Mann aus angesehener florentinischer Familie, einen Auftrag zu einer Reise nach den griechischen Inseln. Ob der Auftraggeber Ambrogio *Traversari* (ad graeca comparanda volumina) oder Cosimus de *Medicis* war, ist ungewiss. Wahrscheinlich in den Jahren 1414—1420 besuchte er so ziemlich alle grösseren griechischen Inseln und schrieb seine Wahrnehmungen zwischen 1421 und 1423 auf Rhodos in italienischer Sprache nieder. Die Übersetzung ins Lateinische ist fehlerhaft. Über Leros schrieb *Buondelmonti* nur wenige Zeilen, aber diese sind in der Folgezeit ausgeplündert worden. Sehr viele Reisebeschreiber und Geographen schrieben ihren Inhalt (noch dazu oft ohne Verständnis) aus der italienischen Urschrift oder aus der lateinischen Übersetzung oder von einem Vorgänger, meist ohne ihre Quelle anzugeben, ab. Bis 1890 (!)[1] spukt trotz der Ausgabe der Karte No. 1666 der britischen Admiralität vom Jahr 1837, die die richtigen Verhältnisse wiedergibt, an der Ostküste (bei B. ad austrum), der „Golfe appelé Terraco (gemeint sind die Φαραδονήσια[2]) im NW) avec un bon port à l'entrée du quel est la petite ile de Sépida (!)" d. h. das Querthal Λέπιδα. Um zu zeigen, welche Glaubwürdigkeit manche Reise- und Länderbeschreibungen verdienen, setze ich die Stelle über Leros mit einigen Bemerkungen hieher. Sie steht in Buondelmontii Liber Insularum Archipelagi ed. Ludovicus de Sinner Berol. et Lips. 1824 p. 105: (c. 47.) „Iuxta hanc" (Kalymnos ist gemeint) „Herro[3])

---

[1] *Cuinet* Vital, La Turquie d'Asie, Géographie administrative, statistique descriptive et raisonnée de chaque province de l'Asie-Mineure tome 1 p. 430. Paris 1890. Den Text *Cuinets* wie eine Übersetzung der Leros betreffenden Angaben im „Salnaméh" von 1876 und andere Notizen verdanke ich meinem Freund H. Prof. Βασίλειος Μυσταχίδης, Bibliothekar an den K. Museen in Konstantinopel.

[2] Der Name hängt möglicherweise mit φαρδύς breit zusammen.

[3] Verlesung für: Hlero oder Llero. Daher bei den Späteren die irrige Annahme, als sei der ältere Name der Insel Ireon oder Teron gewesen.

insula montuosa valde, ac marmorea exstat, quae ad orientem castellum munitissimum habet, ubi omnes coloni recreantur in nocte,[1]) ut secure patescant.[2]) Et ad austrum lepidus[3]) portus erat, ubi olim civitas eminebat in nocte[4]) et planus in radicibus eius ampliabatur. Si ad occiduum pergis, Ferado sinus[5]) illico panditur, et oppidum Pantini[6]) dictum olim cernimus desolatum. Et sic per totum montuosa dicitur,[7]) quae XVIII mi cir" (die Lücke ist etwa zu ergänzen: miliaria circuit) „et ad omnia in suo gradu ipsam fertilissimam reputamus.[8]) In qua lignum Aloē recolligitur et mercatoribus venditur in anno."[9]) In den Anmerkungen ist *Sinner* nur auf nebensächliche Dinge eingegangen.

Boschini und viele seiner Nachfolger bis auf *Ross* haben ihn benützt und auf grund unrichtiger Lesarten sehr viele Irrtümer in Handbüchern und Karten verursacht. Pierre *Belon du Mans* besuchte 1555 auf einer Reise von Konstantinopel nach Jerusalem die Insel. Er schreibt über sie nur die wenigen Zeilen [10]): „Ayans passé Pharmaco (Eiland vor dem alten Didyma

---

[1]) Ähnlich wie B. (c. 40) von Ios erzählt, d. h. die Einwohner haben ihre Wohnungen auf dem Berg neben dem Schloss (Κάστρο), damit sie vor Angriffen durch Seeräuber sicher sind.

[2]) In „patescant" steckt keine Verlesung; etwa = sich ausstrecken können.

[3]) Die Handschrift C (die an dieser ganzen Stelle überhaupt Richtigeres bietet) und die Handschrift B haben: „Lepida", wie emendiert werden muss. Der Übersetzer oder der Schreiber der Handschrift A hielt „Lepida porto" oder „Lepida portus" für einen Genusfehler.

[4]) *Sinner* hat nicht eingesehen, welche Ungereimtheit die Lesart „in nocte" neben „eminebat" enthält. Es muss heissen: „in monte", und nach „monte" muss ein Komma gesetzt werden.

[5]) So steht in A und B. C hat das Richtige: „Feradonisius", d. h. Φαραδόνησος. Gemeint sind die Φαραδονήσια bei Ἀρχάγγελος in NW. der Insel, s. o. *Buondelmonti* wollte die grösste von ihnen, die nur durch einen Zwischenraum von 25 m von Ἀρχάγγελος getrennt ist, bezeichnen. „Feraco" bei *Boschini*, der fast nur *Buondelmonti* ausgeschrieben hat, „Terraco", „Peraco" bei den Späteren sind die Folgen dieser Verschreibung in Handschriften.

[6]) d. h. Παρθένι.

[7]) „dicetur" C. Daraus mit *Sinner* zu schliessen, *Buondelmonti* habe die Insel selbst nicht besucht, wäre falsch. In italienischen Handschriften dieser Zeit ist die Verwechslung von e und i häufig.

[8]) nominamus C.

[9]) Hier ist das Adverbium numerale ausgelassen.

[10]) Les observations de plusieurs singularitez et choses memorables, trouvees en Grece, Asie etc. Reueuz de nouueau. A Paris 1588. 8°. p. 193.

an der kleinasiatischen Küste) nous arriuasmes en vne isle qui estoit anciennement appellee Ireon, (Irrtum, der wohl auf die falsche Lesart in *Buondelmontis* Bericht zurückzuführen ist) maintenant on la nomme Lero. Elle est habitee des Chrestiens Grecs: et est droictement à l'opposite d'vne poincte d'Asie, bien aduancee en la mer, que la carte à naviger appelle Cortolo. On y voit des chasteaux antiques situez sur les collines et petits coustaux (= Hügel an der Küste). Les montagnes de Leros, sont beaucoup plus hautes que celles de Samos (das kann sich nur auf das östliche Drittel von Samos beziehen): et est fort bien cultiuee par les Turcs et Grecs Chrestiens."

Vincent de *Stochove*, seigneur de Ste. Cathérine, kam 1632 bei günstigem Nordwind von Patmos vor Leros, fuhr übrigens an der Insel vorüber. Die Bemerkungen, die er über sie macht,[1]) stammen aus Mitteilungen, die er von Schiffern hörte. Der Boden sei unfruchtbar und felsig, Aloeholz wachse in ziemlicher Menge darauf. Der Hafen (des Städtchens) sei ziemlich gut und vor Seeräubern durch ein Schloss geschützt; die Einwohner verlegten sich wie die Patmier mehr auf Schiffahrt und Handel als auf Bestellung des Bodens.

1788 fuhr *Sonnini* durch den Sund von Διαπόρι in der Richtung auf Rhodos. Seine Mitteilungen (voyage en Grèce et en Turquie fait par ordre de Louis XVI Par. an IX [1801] I 270) beruhen offenbar nur auf Erkundigungen bei Schiffern oder Mitreisenden und beschränken sich auf Schilderung des Aussehens und auf die Vermutung, dass in den Bergen von Leros Mineralien und Marmor zu holen seien. Die Angabe, ein Eiland bei Leros heisse „Lerillo" (d. h. Kleinleros) hat sich bis 'l. Ῥαγκαρίς (s. u.) als Λεριλόνι fortgeerbt. Lerillo hiess eines der benachbarten Eilande (etwa Ἀρχάγγελος) höchstens bei italienischen Seeleuten Die richtige griechische Namenbildung wäre Λεριοπούλα (vgl. Σαμιοπούλα bei Samos oder Λερόπουλο vgl. Θασόπουλο). Aus den Angaben *Sonninis* hat J. B. Poirson, ingénieur-géographe, eine Karte der griechischen Inseln konstruiert, die längst überholt ist.

---

[1]) Voyage du Levant. Troisiesme edition revuc̈ue et augmentée. Bruxelles 1662. p. 217.

Der englische Botaniker *Sibthorp* beobachtete im letzten Drittel des XVIII. Jahrhunderts am 1. Juni die emsige Thätigkeit der Lerier beim Abernten der Felder.

J. B. d'Ansse de *Villoison* hat die Bemerkungen auf seiner Reise (1785/8) in seinen Aufsätzen über die griechischen Inseln niedergelegt.[1])
Ambrosius Firmin *Didot* (Reise von 1816/7) verdanken wir die Kenntnis der lerischen Inschrift no. 2263 im II. Band des Corpus inscriptionum graecarum
Der Commodore der britischen Admiralität Sir Thomas *Graves* ist ausser dem später zu nennenden Lerier Dionys. *Ikonomópulos* derjenige, der sich samt seinen Schiffsoffizieren in diesem Jahrhundert am eingehendsten mit der Erforschung der Insel beschäftigte. Den Arbeiten dieser Männer verdanken wir die 1837 vollendete Karte no. 1666 von Leros und Kalymnos. Auch die Weisungen des Segelhandbuchs der englischen Flotte *Mediterranean Pilot vol. IV* London 1882 p. 154 s. gehen grossenteils auf diese Aufzeichnungen zurück. Auf der Karte gibt es freilich einige Fehler und Versehen, namentlich in der Benennung der Vorgebirge und anderer Örtlichkeiten. Aber ohne die Thätigkeit der britischen Admiralität hätten wir überhaupt keine einigermassen entsprechende kartographische Darstellung von Leros.

1841 besuchte Ludwig *Ross*, der uns Deutschen die wirkliche Kenntnis der griechischen Inseln und Eilande erst erschloss,[2]) Leros, und es ist schade, dass er sich nur den 17. und 18. August dort aufhielt. In fünfzig Jahren ändert sich durch Wegnahme von Bausteinen an den Ruinen vieles. Seine Beschreibung ist durchaus zuverlässig. Dass ihm zuweilen ein Versehen mit unterlief, wie z. B.: τὰ Λεροκάλυμνα statt ἡ Λεροκάλυμνος (= Die Inselgruppe Leros und Kalymnos), finde ich verzeihlich. *Ross* besuchte Ἀρχί im Südwesten, Τεμένια, Λέπιδα (*Ross* schreibt Λέπυρα), das Παλαιόκαστρον στὸν Ξερόκαμπον, Ἅγ. Σίδερος, Καμάρα, [wohl auch Σμαλοῦ] und Παρθένι: für die kurze Zeit seines Aufenthalts eine tüchtige Leistung und ein schöner Beweis für seinen Forschungsdrang und seine Unermüdlichkeit. Des Ἰάκωβος Ῥίζος

---
[1]) Annales de Voyages. II. Par. 1808.
[2]) Reisen auf den griechischen Inseln des ägäischen Meeres. II. Bd. Stuttgart und Tübingen 1843, 116—123.

'Ραγκαβῆς Beschreibung von Leros (s. u.) beruht namentlich in dem archäologischen Abschnitt nur auf den Mitteilungen von L. *Ross*.

Manuil Io. *Gedeón*, einer der besten Kenner des byzantinischen Mittelalters, stammt aus Ierischer Familie, hält sich aber schon seit langem ständig im Phanar von Konstantinopel auf. Er besuchte im März 1878 Leros, sammelte Abschriften von Urkunden und Inschriften, besuchte die Reste aus dem Mittelalter und veröffentlichte eine Reihe von Aufsätzen in der Ἐκκλησιαστικὴ Ἀλήθεια, der Zeitschrift, die unter Aufsicht des Patriarchats in Konstantinopel herausgegeben wird, nämlich: Περὶ τῶν χειρογράφων τῆς ἐν Λέρῳ βιβλιοθήκης = τόμ. Δ σελ 3 x. ἑξ. und 450 x. ἑξ. Ἐκκλησίαι ἐν Λέρῳ. Αὐτόθι τόμ. Θ (1888/9) σελ. 396 ἑπ. Ἡ μητρόπολις (d. h. das Erzbistum) Λέρου καὶ Καλύμνου. Αὐτόθι σελ. 106/7, 118 - 120. Diese Aufsätze hat er in einem Buch: Ἔγγραφοι λίθοι καὶ κεράμια Ἐν Κωνσταντινουπόλει 1893 σελ. 42—51 und σελ. ρμ' x. ἑξ. vereinigt herausgegeben. Seine Arbeiten zeichnen sich durch genaue Kenntnis der Örtlichkeiten, der daran haftenden mündlichen Überlieferung und der kirchlichen Verhältnisse des byzantinischen Mittelalters aus, wie sie ein Occidentale schwerlich sich erwerben kann. Ich verdanke dem verdienten Gelehrten nicht nur ein Exemplar seines Büchleins, sondern auch manche Winke, die er mir bei unserm Zusammensein in Konstantinopel gab.

Karl *Krumbacher* kam 1884 auf die Insel und hielt sich auf ihr einige Tage auf. Ausser Bemerkungen über das Aussehen und die Bodenbeschaffenheit gibt er Nachrichten von den heutigen Zuständen und von den Bewohnern, wobei er auf die Spottverse des Phokylides zu sprechen kommt. Sein Reisebericht[1] gehört zu dem Neuesten und Besten, was über die Insel gedruckt worden ist.

In diese Zeit fällt auch der dreimonatliche Aufenthalt des D. *Ikonomópulos*, der Ierischer Abkunft ist, aber in Kâhira als Arzt lebt. Infolge seiner Abstammung war er natürlich mit vielen Verhältnissen, den Überlieferungen und den Sitten der Bevölkerung durchaus vertraut und hat sich ausserdem redlich angethan, um sich über die Örtlichkeiten, die Pflanzendecke

---

[1] Griechische Reise. Berlin, 1886, 122—142.

der Insel und andere Verhältnisse genau zu unterrichten. Sein Buch hat er überschrieben: Λεριακὰ ἤτοι χωρογραφία τῆς νήσου Λέρου συνταχθέντα μὲν κατὰ παραγγελίαν τῆς ἐν Καΐρῳ Ἐπιτροπῆς τῆς Ἀδελφότητος τῶν ἐν Αἰγύπτῳ Λερίων ἐκδιδόμενα δὲ φιλοτίμῳ δαπάνῃ τοῦ διαπρεποῦς Λερίου κ. Νικολάου · Γ. Τζιγαδὰ (Athen und Kahira) 1888. σελ. 212. Es ist bis jetzt dasjenige Buch, das sich am eingehendsten mit Leros beschäftigt. Trotz einiger Fehler ist es — mit Vorsicht gebraucht — eine Fundgrube wertvoller Notizen, namentlich über jetzt teilweise ausser Übung gekommene Volksbräuche. Im Auftrag des im Titel genannten Vereins der Lerier in Ägypten übernahm er die Abfassung seiner Λεριακά, die nach Art der πατριδογραφίαι so vieler griechischer Städte der Neuzeit eingerichtet ist. Seine Arbeit behandelt Geographisches, Statistisches, Sprachliches, Folklore (Anschauungen, Sitten, Gebräuche), Verwaltung, Religion, Volkswirtschaftliches, Volksbildung, Fauna, Flora, Bodenerzeugnisse, Gesundheitsverhältnisse, Archäologisches (aus Ῥαγκαβῆς [s. u.] beziehungsweise *Ross*) und Geschichtliches. Die beigegebene Karte ist eine lithographische Wiedergabe der oben genannten englischen Admiralitätskarte von Thom. *Graves*, zeigt aber viel richtigere Ortsnamen. Viele in der Arbeit erwähnten Namen für Kirchen, Plätze u. s. w. sind übrigens auf der Karte nicht verzeichnet.

Karl *Flegel* aus Warschau, Bruder des bekannten Afrikareisenden, besuchte die griechischen Inseln mehrmals. 1893 erschienen seine Aufsätze: Isole del Mare Icario im Bolletino della Società d'Esplorazione Commerciale in Africa. Der Jahrgang ist leider schon vergriffen.

W. R. *Paton* war um 1894 auf der Insel Leros. In einem Aufsatz „Calymnos and Leros" (= Classical Review VIII [1894] 376 ss.) stellt er eine Vergleichung zwischen Leros und der so nahen Kalymnos in geographischer, geologischer und ökonomischer Hinsicht an. Kalymnos stehe in Handelsbeziehungen zu Europa, Leros mehr in solchen zu Alexándrien, aber Leros habe mehr von Europa angenommen als Kalymnos. Er äussert sich über das Buch von *Ikonomópulos* und berichtigt den Plan, den dieser (σελ. 164) von der byzantinischen Kirche zu Παρθένι gegeben hat. Es seien dort nicht die Grundmauern eines templum in antis vorhanden, sondern nur Trümmer eines Turmes und einige Überreste einer Umwallung in einiger Entfernung von diesem. Hierauf gibt er in Minuskelbuchstaben mit einigen wenigen Versehen den Text der Ehreninschrift auf Aristomachos.

1895 reiste der russische Botaniker *Putijáta* in Kleinasien und soll nach Aussagen von Leriern ihre Insel besucht haben. *Dellamare* verweilte 1895 fast zur selben Zeit auf der Insel wie ich. Als ich auf dem Eiland 'Αρχάγγελος, nw. von der Insel, nach einer griechischen Inschrift, die sich angeblich dort befinden sollte, forschte, wurde mir von mehreren Seiten versichert, vor mir sei Herr *Dellamare* dort gewesen.

b) Sonstige Beschreibungen der Insel und andere Veröffentlichungen.

Grössere Beiträge zur Kenntnis der Geschichte und Geographie der Insel sind in folgenden nach alphabetischer Ordnung verzeichneten Werken enthalten: *Bordone* Benedetto, Tutte le isole del mondo. Basileae 1523 p. XLVII, ganz aus *Buondelmonti*. Auch die Karte beruht darauf. — *Bürchner* L., Inschriften auf Leros = Mitteil. des K. Deutschen Arch. Instituts, Athen, 1896 (XXI Bd.) 33 ff. (Gibt unter anderem eine genaue Wiedergabe der Ehreninschrift auf Aristomachos.)

Vincentio *Coronelli* und *Parisotti*, padri maestri des Hospitaliterordens von S. Joannes in Jerusalem, beschrieben die ehemaligen Besitzungen ihres Ordens, also Rhodos, Piskopi (gr. Τῆλος), Kos, Nisyros, Leros, Nikariá u. s. w. Mehrere Notizen über die Insel finden sich im I. Band[1]) verstreut.

Der Beschreibung der Insel (p. 337 ss.) ist ein nicht übler Kupferstich, der das Städtchen aus der Vogelschau und den Grundriss des Schlosses darstellt, beigegeben. Der irrtümlich angeführte ältere Name der Insel Teron geht auf die Verschreibung des Namens in Handschriften des Liber insularum des *Buondelmonti* zurück. Der Name Terraco (p. 350) für eine kleine Bucht und die „kleine ‚Insel‘ Lepida" beruhen darauf, dass die betreffenden Stellen bei *Buondelmonti* von den späteren Ausschreibern und Kartographen missverstanden worden sind.

---

[1]) Isola di Rodi Geografica-Storica, Antica e Moderna, coll' altre adiacenti già possedute da Caualieri Hospitalieri di S. Giovanni di Gerusalemme. Venezia 1688. I.

Dapper Olfert, Naukeurige beschryving der eilanden in de Archipel der middelantsche zee. Amsterdam, 1688, fol. 45 f. Mit wenigen Zeilen, deren Inhalt zum Teil auf *Stochove* (s. o.) und *Porcacchi* (s. u.) zurückgeht, thut er die Beschreibung von Leros ab. Die beigegebene, durchaus fehlerhafte Karte der Insel (nach Bordone?) zeigt im Süden, da wo die Γλαρονήσια sein sollten, ein grösseres Eiland „Lepida". Über diesen Irrtum habe ich mich schon oben geäussert.

Lacroix Louis, Iles de la Grèce (= L'Univers. Histoire et Description de tous les peuples XXXVIII) Par. 1853 (1881 Titelauflage) p. 208 b—209 a. Die Irrtümer: Golf „Terraco" an der Ostseite der Insel und „la jolie petite île de Lépida" stammen aus den oben nachgewiesenen Irrtümern älterer Gewährsmänner. — *Mediterranean Pilot* (s. o.).

Tommaso *Porcacchi*[1]) nennt die Insel statt Lero: Hero (s. o. bei *Buondelmonti*), bezeichnet sie als gebirgig, voll Marmor, Lepida sei der Platz der älteren Stadt, die Insel habe 18 Meilen im Umfang, sei sehr fruchtbar, auch an Aloeholz. (Alles aus *Buondelmonti.*)

Ῥαγκαβῆς, Ἰάκωβος Ῥίζος, Τὰ Ἑλληνικὰ ἤτοι περιγραφὴ γεωγραφική, ἱστορική, ἀρχαιολογική, καὶ στατιστικὴ τῆς ἀρχαίας καὶ νέας Ἑλλάδος τόμ. Γ. Ἀθήνησι 1854 σελ. 384—388. Der archäologische Teil ist fast wortgetreue Übersetzung des Reiseberichts von L. *Ross* (s. o.). Dass das grösste der unbewohnten Nachbarinselchen im Norden angeblich Λερίόνι heisst, ist ein Irrtum und stammt aus *Sonnini* (s. o.)

Ross Ludovicus (s. o.) Inscriptiones graecae ineditae II Athenis 1842, p. 68 ss., vgl. dazu die Recension von Gottfried *Herold* in den „Gelehrten Anzeigen", herausgegeben von Mitgliedern der K. Bayerisch. Akademie. XVII. Bd. München, 1843. Sp. 238/9.

Von grossem Wert für die Kenntnis der Geschichte der Insel im Mittelalter sind die im Kloster des Θεολόγος (= Apostel Ioannes) auf Patmos aufbewahrten Erlasse byzantinischer Kaiser und Protokolle von Beamten, die ich mir auf Patmos zeigen liess. Sie sind teilweise mehrmals veröffentlicht worden, am bequemsten zugänglich im VI. Band der Acta et diplomata graeca

---

[1]) L' isole piv famose del mondo. In Venetia 1686, 8°. p. 79.

medii aevi sacra et profana collecta ediderunt Franc. Miklosich et Jos. Müller. Vindobonae, 1890. Ich muss öfters auf sie Bezug nehmen und nenne sie daher schon hier: **no VIII** (p. 25 ss.): Ein χρυσόβουλλον (goldene Bulle) des Kaisers Alexios I Κομνηνός vom Mai 1087 betrifft die Schenkung der Hälfte des Schlosses von Pantéli auf Leros und der προάστεια (Landbezirke) Παρθένιον[1]) und Τεμένεια[2]) auf Leros als abgabenfreies Eigentum an den Abt von Pyli auf Kos Χριστόδουλος. — no IX (p. 29) vom Juni desselben Jahres: Abschrift eines πιττάκιον (Erlasses) an das Hausministerium, die obige Schenkung auszufertigen. — **no XI** (p. 32) vom 15. Juni: πιττάκιον der Kaiserin Mutter Άννα Δούκαινα Δαλασσηνή: Bestätigung der Schenkung. — **no XII** (p. 34 ss.) Juli: πρακτικόν (= Protokoll) des Εὐστάθιος Χαρσιανίτης στρατηγός des θέμα Σάμος, über die Vermessung des Eigentums des Abts Χριστόδουλος, des Gründers des patmischen Klosters, — im April 1088 Protokoll des Sekretärs des vorher genannten Würdenträgers über die Abgrenzung der Weidegründe von Παρθένι, des ἀγρός τοῦ Πολυφούτη und des ἀγρός τῶν Κουρουνῶν. — **no XIX** (p. 59 ss.) vom 10. März 1093: ὑποτύπωσις (= Klosterregel) θεοφιλής εἴσουν διάταξις τοῦ ὁσίου πατρός ἡμῶν Χριστοδούλου Abschnitt Θ (p. 64). — **no XX** (p. 81): μυστική διαθήκη (= Testament) τοῦ ὁσίου Χριστοδούλου. — **no XXII** (p. 94 s.) vom Juli 1099: Verfügung des Kaisers Ἀλέξιος (I.) Κομνηνός, dass für das Kloster auf Patmos je vier freie Taglöhner die Besitzungen von Παρθένι und Τεμένι bestellen sollen. — **no XXVIII** (p. 110 ss.) vom September 1158: Bittschrift des patmischen Abts Λεόντιος an den Kaiser Μανουήλ ὁ Κομνηνός um Schutz gegen Belästigungen durch samische Seeräuber. — **no LXXIV** (p. 196 s.) vom Oktober 1258: Bestätigung aller Besitzungen des Klosters von Patmos durch Kaiser Θεόδωρος Κομνηνός ὁ Λάσκαρις I. — **no LXXVI** (p. 199) vom Mai 1259: Gleiche Bestätigung durch den Kaiser Μιχαήλ ὁ Παλαιολόγος. — **no LXXIX** (p. 203) (von 1260?): Der Patriarch von Konstantinopel erklärt sich gegen Übergriffe des Bischofs Νεῖλος von Leros. — **no LXXXVII** (p. 214 ss.) vom Mai 1263: Der Censor von Rhodos

---

[1]) Der Name bedeutet Heiligtum der Παρθένος (hier Artemis). Abgekürzt zur Form Παρθένι findet er sich auf Leros, Ikaros, Chios, Patmos, Kalymnos. Vergl. auch die dichterischen Beinamen, z. B. Παρθενία von Samos u. a.

[2]) Bedeutet einen Ort, wo ein Tempelbezirk einer heidnischen Gottheit war.

und den Nachbarinseln Λέων ὁ Ἐγκαμματισμένος gibt ein Verzeichnis der ὑποτελεταί (= Klostersassen) zu Παρθένι und Τεμένι. — no CVII (p. 248 ss.) vom Dezember 1326: Der Kaiser Ἀνδρόνικος (III.) ὁ Παλαιολόγος bestätigt die Besitzungen des Patmosklosters auf Leros u. a. — no CVIII (p. 250 s.) vom Januar 1329, no CIX (p. 252 ss.) vom Juli 1331, no CXI (p. 255 s.) März 1353 (?); desgleichen no CXV (p. 260 s.) vom 9. Sept. 1497: Der Grossmeister der Rhodiserritter Fr. Pierre d'Aubusson setzt fest, wie viel von den Erträgnissen der Meierhöfe auf Leros an den Erzbischof von Philadelphia abgegeben werden müsse. — no CXLII (p. 319 ss.) vom Januar 1719: Schlichtung von Streitigkeiten zwischen dem patmischen Kloster und den Leriern über das Anrecht auf die Kirche τῆς Ὑπαπαντῆς τῆς Θεοτόκου (= Mariä Begegnung) durch den Patriarchen Ἱερεμίας III. zu Gunsten des Klosters. — no CLVIII (p. 365 ss.) vom Mai 1784: Mahnung des Patriarchen von Konstantinopel Γαβριήλ (V.) an den Bischof von Leros und die Kalymnioten, das geraubte Klostergut zurückzugeben.

Mein Aufenthalt auf der Insel.

Den 29. September 1895 war ich zwei Stunden nach Mitternacht mit einem kleinen Dampfer der griechischen Schiffahrtsgesellschaft Jolly und Wiktora von Patmos abgefahren. Da die enge Kajüte mit schlafenden Leuten angefüllt war, beschloss ich, mich auf der Kommandobrücke aufzuhalten, und hatte meinen Entschluss nicht zu bereuen. Ich sah das erste Aufzucken der χρυσόθρονος, ῥοδοδάκτυλος Ἠώς in seltener Pracht. Sie schien ihre gigantischen purpurfarbenen Finger über die Kimme der noch mit Dunkel übergossenen See heraufzustrecken und sie dann wieder auf Augenblicke zurückzuziehen, gerade als bedächte sie sich, von der riesigen Wasserwölbung Besitz zu ergreifen. Χαράγματα, Meisselschnitte der allgewaltigen Natur, nennen die Griechen von heutzutage diese Erscheinung.

Früh 8 Uhr erreichte das Schiff den Hafen Ἁγία Μαρίνα des Städtchens Leros. An der Skala galt ich zunächst infolge eines Vorberichts des γραμματικός, des Schiffsbediensteten, der die Besorgung der Briefschaften zu bethätigen hat, und der vor mir mit seinem Boot angekommen war, anfänglich für einen λόρδος, für einen lediglich zu seinem Vergnügen reisenden Europäer. Diese Meinung änderte sich später. Ich liess mein Gepäck in ein Haus bringen, dessen Besitzer die Beherbergung und auch Beköstigung der wenigen Fremden übernimmt, die nicht bei guten Bekannten oder bei Verwandten Unterkunft bekommen können. Das allerdings mehr als bescheidene Basár am Strand zeigte schon beim ersten Blick die lebhaft unterhaltenen Beziehungen der Inselbewohner zu Alexándrien. Frische Datteln waren einen Tag vor meiner Ankunft aus Ägypten eingetroffen. Schwarze Korallen (μαυρροκόραλα) aus dem roten Meer gab es ebenfalls zu sehen. Alsbald machte ich mich daran, von dem unteren Städtchen, das unmittelbar am Hafen liegt und von einem Kirchlein der H. Marina benannt ist, zum Χωρίον (d. h. Ort) hinaufzusteigen, das sich südwestlich an die Burg der Johanniter, das Κάστρον, anlehnt. Der schmale, teilweise gepflasterte und streckenweise steile Pfad führt an grossen und kleinen Häusern, so an der Apotheke und an der Filiale der ottomanischen Tabakregie, auch an jäh in ein Thal abfallenden Rändern vorüber. Zur Regenzeit ist dieses Strässchen das Bett des Wassers, das sich in den höher gelegenen Stadtteilen oben auf der Terrasse Πλάτανος und bei Ποπόρι gesammelt hat und das von den westlichen Abhängen des Κάστρον-Berges giessbachartig herabströmt. Vereint bilden diese Rinnsale einen tüchtigen χείμαρρος (= Wintersturzbach). Der Pfad mündet auf die oben genannte Terrasse Πλάτανος, so von den Platanen genannt, die um den Quellbrunnen in der Mitte des Platzes stehen. Das Gebäude der δημογεροντία (des Gemeindeausschusses) und einige Kaffeeschenken begrenzen ihn. Dort hoffte ich die Herren Dr. Ioánnis *Ampelás*, den Direktor der hellenischen Schule, und Dr. Konstantinos G. *Ioannidís*, praktischen Arzt, an die ich empfohlen war, zu treffen. Und ich hatte mich nicht getäuscht. Nach einiger Zeit stellten sie sich, von der Ankunft eines Fremden, der nach ihnen verlangte, benachrichtigt, samt dem Arzt Herrn Dr. *Makris*, und dem Schwiegervater des Herrn Dr. *Ioannidís* ein. Ihnen allen bin ich für viele Gefälligkeiten, die sie mir während meines Aufenthaltes auf der Insel erwiesen haben, stets zu grossem Dank verpflichtet. Zunächst führte mich Herr Dr. *Ampelás* in den südöstlichen Teil der

Stadt, Παντέλι, hinab, wo an dem Hause des Schiffers Jorjos *Glynas* zwei Inschriften von Iasos eingemauert zu sehen sind. Ich schrieb sie ab und nahm mir vor, des andern Tags sie abzuklatschen und zu photographieren. Das Mittagessen, zu dem ich von Herrn Dr. *Ioannidis* in sein Haus geladen war, brachte lang entbehrte europäische Genüsse. Derselbe Herr führte mich später beim türkischen Kaimakám (= Bezirksamtmann), an den ich eine Empfehlung von Sr. Excellenz dem Paschá von Rhodos hatte, ein. Dieser sagte mir seine Unterstützung in vollem Umfang zu und wollte mir auch eine Anzahl seiner Saptiéhs mitgeben. Es hat des Eingreifens der Polizeimacht nur ein einziges Mal bedurft, als ich am nächsten Tag mein Vorhaben, die zwei Inschriften von Iasos genauer und mit mechanischen Mitteln zu kopieren, ausführen wollte. Die Frau des abwesenden Schiffers untersagte mir das, so dass ich genötigt war, den Polizeimeister und den einen der beiden Bürgermeister um Beistand zu bitten. In deren Beisein entfernte ich den mittlerweile von der Frau auf die Inschriftsteine gestrichenen frischen Kalkmörtel und führte die Arbeiten aus. Die Inschriften sind von mir veröffentlicht. Die Abklatsche stellte ich dem epigraphischen Seminar der K. K. Universität in Wien behufs Verwertung bei der Herausgabe eines corpus inscriptionum Asiaticarum zur Verfügung. Ich habe die Erzählung dieses Vorfalls vorweg genommen und kehre zum Bericht über die Erlebnisse des Sonntags zurück.

Den Rest des Nachmittags verwendete ich unter Führung der Herren Dr. *Ampelás* und Dr. *Makris* auf eine möglichst eingehende Besichtigung des Κάστρου der Rhodiserritter und der Heiligtümer der Παναγία (= Madonna) τοῦ Κάστρου, die von den vielen Leuten von Leros, den umliegenden Inseln und dem benachbarten Kleinasien um Hilfe in verschiedenen Nöten angerufen wird. Den Abend verbrachten wir unten am Strand von Ἁγία Μαρίνα in der Laube einer Kaffeeschenke und hernach in der unteren Stube meines Absteigequartiers, wo sich auch der Polizeimeister, dessen Beistand ich am nächsten Tage anrufen musste, einfand.

Den nächsten Tag verwendete ich auf das sorgfältige Kopieren der wenigen im Gebäude der δημογεροντία aufbewahrten Inschriftsteine, wobei ich die gerade anwesenden Gemeindeausschussmitglieder als sehr zuvorkommende und freundliche Leute kennen lernte, und der Inschriften von Iasos. Am Dienstag, dem 1. Oktober, machte ich mit den Herren Dr. Dr. *Ioannidis* und *Makris* (Herr Dr. *Ampelas* war durch den Beginn des neuen Schuljahres von der Teilnahme abgehalten) einen Ausflug nach Παρθένι, der Stätte des alten Artemistempels im Norden der Insel. Da ich diesen Ort später noch einmal besuchte und die Gegend durch Streifzüge auf verschiedenen Wegen einigermassen genau kennen lernte, will ich diesen Ausflug schildern, dann aber das Persönliche in den Hintergrund treten lassen und die übrigen Studien, die ich auf andern Ausflügen gemacht habe, in der Form einer kurzen Beschreibung geben. An diesem Morgen standen für uns Esel bereit, die einen Saumsattel, aber kein Halfterzeug und keinen Zaum hatten. Man muss sich also auf diese übrigens starken und sicher im portamento (Passgang) schreitenden Tiere querüber setzen. Der schmalen steinigen Pfade wegen beschlägt man ihre Hufe nicht. Unser Weg führte uns zunächst in westlicher Richtung den Strandsaum der Bucht von Ἁγ. Μαρίνα entlang, an den Landhäusern wohlhabender Lerier vorbei, die sich ihr Vermögen durch Handel in Ägypten erworben haben; dann kamen wir an eine Grenzmauer mit Zaun Κάγκελλο (ἡ Καγκέλη schon im XII. Jahrhundert genannt). Das Wort bedeutet eigentlich Gitter, hier besteht der Unterbau aus einer Mauer, die sich über den Isthmos bis an die Westküste zieht und nach dem System der Zweifelderwirtschaft je nach dem Erfordernis den nördlichen oder südlichen Teil der Insel gegen Beschädigung der Saaten durch das Weidevieh schützen soll. Über Κριθώνι (= Gerstenebene) kamen wir nach Ἄλινδα (von ἀλίνδω, weil die Meereswellen Sand heranwälzen) an der Westsehne der Bucht. Hier besitzt der Patriarch von Alexandria ein hübsches Sommerlandhaus mit einer Kapelle. Die Gegend Ἀμμός liessen wir westlich von uns liegen, überschritten mehrere Trockenbetten, kamen an dem Κλειδί βουνό (d. h. Querriegelberg), das seinen Namen davon hat, dass es den Nordostteil der Insel in eine südliche und eine nördliche Hälfte trennt, vorüber und lenkten dann in ein schmales schluchtartiges Thal Σμαλοῦ (= Ebene oder türkisches Wort) ein, an dessen Ende sich uns ein prächtiger

Überblick über die Bucht von Παρθένι bot. Rechts vom Weg liegen (auf dem Kärtchen bei T) die Trümmer der Grundmauern eines althellenischen Wartturms, der von einer Art Burghof umgeben ist. In die nordwestliche Ecke hat man in späteren Zeiten eine Kapelle nach bekannter byzantinischer Art eingebaut. Der Trümmerbezirk, der die Aufmerksamkeit des deutschen Gelehrten Ross nicht auf sich gezogen zu haben scheint, ist von Οίκονομόπουλος auf σελ. 163 ἐπ beschrieben und abgebildet. Da auf dem Platz viele mit Gestrüpp aller Art überwucherte Steinbrocken und Steinblöcke herumliegen, ist es, selbst wenn man den von Οίκονομόπουλος gegebenen Plan in der Hand hat, nicht leicht, sich zurecht zu finden. Die alten Blöcke sind im Rechteck behauen, gleich breit und dick, aber ungleich lang. 500 m von diesen Trümmern nach Norden zu liegt der Meierhof des Klosters des Θεολόγος (= Apostels Ioannes) von Patmos, ein Besitz aus dem 11. Jahrhundert, und 100 m weiter, dicht am Strand, der hier flach und morastig ist — auch weiter landeinwärts deuten zahlreiche Büschel von Junceen an, dass es dort in Regenzeiten sumpfige Stellen gibt[1]), — ein halbverfallener Schuppen, der früher Kapelle war, wie einige Kreuze an Thürsteinen andeuten. Das Innere dient zur Aufbewahrung von einfachen landwirtschaftlichen Geräten. Die sehr alten Mauern sind schwerlich die Mauern des Artemistempels, obwohl er an dieser Stelle gestanden haben muss. Hier nebenan wurde beim Ausheben einer Grube die Ehreninschrift auf Aristomachos, Sohn des Dromon[2]), gefunden, in deren 27/8. Zeile beurkundet wird, dass die Λέριοι κατοικοῦντες ἐν Λέρῳ beschliessen: ἀναθεῖναι (στήλην λιθίνην) εἰς τὸ ἱερὸ[ν] τῆς Παρθένου. Wenige Schritte davon liegen im Uferwasser schön behauene Blöcke von weissem Marmor, Bausteine des ehemaligen Tempels der Artemis, dessen Grundmauern wahrscheinlich unter dem Schuppen und neben ihm zu finden sind Der Tempel stand also, wie das berühmte Heraion auf Samos, wie das Heiligtum von Branchidai bei Miletos und kleinere Heiligtümer auf Ikaros und anderswo, in der Küstenebene, auf Leros dicht an der See.

---

[1]) Vgl. Athen. XIV 655c: τόπος ἑλώδης.
[2]) Mitteil. d. K. Deutschen Arch. Inst. Ath. Abt. XXI. Bd. (1896) 34 ff.

Westlich davon stiessen wir auf θολάρια, halb unterirdische, niedrige Grabgewölbe und Mauern einer kleinen Niederlassung. Es ist wahrscheinlich, dass sie teilweise aus dem Altertum stammen, aber im Mittelalter gab es im Bezirk von Παρθένι Ansiedelungen von Klostersassen (s. no. XXII der Acta et diplomata VI; in no LXXXVII [von 1263] werden deren 46 aufgezählt).

Unser Mittagsmahl war nach europäischen Begriffen bescheiden, aber für die dortigen Verhältnisse ungewöhnlich üppig, viel üppiger, als ich es vom wochenlangen Aufenthalt in den Dörfern anderer Inseln gewohnt war. Vortreffliche καρπούζια (Wassermelonen) lieferte der Maierhof. Die Freunde hatten eingemachte Sardinen vom Städtchen mitgenommen. Dr. *Ioannidis* war der Hausarzt der Pächterfamilie, die zuweilen vom Fieber heimgesucht wird. Daher wurde alles aufgeboten, was die Vorratskammer barg.

Am Spätnachmittag machten wir uns auf den Heimritt. Im Licht des nahezu vollen Mondes, der früh über den Horizont heraufgekommen war, fielen mir die scharfen Umrisse der Hügel, die auf Leros grösstenteils aus Schiefer und Dolomit bestehen, auf. Gegen 8 Uhr erreichten wir die Skala des Städtchens.

Mit solchen Ausflügen, mit photographischen Aufnahmen, Kopieren, Messen und Zeichnen verbrachte ich mehrere Tage. Nach Παρθένι kam ich noch ein zweitesmal und zwar nur in Begleitung eines Leriers, der mir eine Inschrift auf Archangelos zeigen wollte, schlug aber hiebei von Κριθώνι aus einen Weg ein, der ins Innere des Nordteils der Insel über 'Αμμός, Καμάρα, am Κουτσόβουνος vorüber und über Σμαλού nach Παρθένι führt. Wie in der Gegend Παρθένι fand ich dort θολάρια namentlich bei Καμάρα (daher rührt auch der Name, der in allen Gegenden griechischer Kultur so häufig ist, und eine Stelle bezeichnet, wo sich Gewölbe oder Bogenstellungen befinden). In der Kapelle des ᵔΑγ. Γεώργιος in der Gegend Σμαλού konnte ich zwar trotz des sorgfältigsten Suchens den Stein mit der Ehreninschrift auf einen Hekataios aus Miletos nicht mehr finden, aber die Aschenkiste vor der Kapelle und die Inschrift aus römischer Zeit traf ich ganz so an, wie *Ross*[1]) angibt. Von Παρθένι aus beabsichtigte

---
[1]) Reisen II. 120.

ich, durch die Bucht nach dem Eiland 'Αρχάγγελος überzusetzen, auf dem sich der Stein mit griechischer Inschrift befinden sollte. Ich spähte nach einem Fischerboot aus und erblickte endlich in der Entfernung von 1 km ein solches, dessen Insasse eben mit einer weiten, an der unteren Öffnung mit einer Glasscheibe verschlossenen Blechröhre in der landesüblichen Weise die Gewässer auf ihre Ergiebigkeit an Fischen, Polypen, Schwämmen und dergleichen absuchte. Sein Fahrzeug war, wie sich später herausstellte, mit allen Arten von Fanggeräten, einer langen συρτή (= Schleppangel), einer καλαμέρα zum Fangen von καλαμάρια (einer Gattung Polypen), einem καμάκι (= Vierzack) und einer Auswahl von Netzen ausgerüstet. Wiederholte Revolverschüsse auf das widerhallende Gestade machten ihn endlich darauf aufmerksam, dass man seiner Fährmannsdienste begehrte. Die Überfahrt nach dem klippenreichen Eiland erforderte fast halbstündiges Rudern. Der Boden von 'Αρχάγγελος ist mit Geröll und grösseren Steinen bedeckt, auf der höheren nördlichen Kuppe (149 m) liegen die Trümmer eines mittelalterlichen Spähturms, von dem das untere Stockwerk ganz, das obere halb erhalten ist. Er stammt wahrscheinlich aus der Zeit, in der Leros im Besitz der Rhodiserritter war. Dann ist er jedenfalls schon im XIV. Jahrhundert, etwa gleichzeitig mit der Rhodiserritterburg von Leros und dem kleinen Kastell Μπούρτζι (spr. búrtzi)[1]), das den südlichen Eingang zum Hafen von Leros beherrscht, erbaut worden. Der Unterbau könnte vielleicht älter sein. Die noch erhaltenen Stufenreste zum ersten Stockwerk zu betreten, erschien gefährlich. Von der Stelle aus hat man einen weiten Ausblick nach Nordwesten, Westen und Süden; bei der grossen Durchsichtigkeit der Luft überschaut man einen guten Teil der vielen umliegenden Inselchen und Eilande. Da die Kimm bis über 36 Seemeilen (65,6 km) über Kos, einen Hauptsitz des Rhodiserritterordens, über Halikarnassos, das den Johannitern ebenfalls gehörte, hinausreicht, ist anzunehmen, dass diese Warte zugleich zum Zeichengeben mittels Rauchs und Feuers bestimmt war. Auffällig ist, dass die bisher grösste Karte von Leros, die Karte n. 1666 der

---

[1]) D. h. μπούργιον, Deminutiv von μπούργος (= germ. burg —, mittellat. burgus, italienisch borgo, französisch bourg). Der Name kommt noch bei Nauplia und auf Euboia vor.

britischen Admiralität (1 : 63000), diese wichtige Landmarke nur mit „428" verzeichnet. Ich konnte mich bei dem Wartturm, so anziehend es für mich auch gewesen wäre, die Trümmer einigermassen näher zu untersuchen, nicht lang aufhalten, da mein eigentlicher Zweck das Aufsuchen von griechischen Inschriften war und der Abend hereinbrach. Ich durchforschte denn auch das an Steinen so reiche Eiland, leider ohne das Gewünschte zu finden. Es hiess, ein Europäer habe einen Tag vor meinem Besuche Archángelos aufgesucht, und die Leute glaubten, dieser habe den Stein mit fortgenommen. Die Heimkehr mit dem Boot und später auf dem Esel ging schnell von statten, da in diesen Gegenden Menschen und Tiere vor Abend nach Hause zu kommen trachten.

Beschreibung der Insel.

Lage und horizontale Gliederung.

Die Insel liegt 6 km südlich vom Südende des viel kleineren Lipsos; ein Sund (Διαπόρι) von nicht ganz 2 km trennt ihre Südspitze vom Nordkap von Kalymnos.

Der nördlichste Punkt von Leros, das von den Einwohnern, (heute bis auf vierzig Türken lauter Griechen), jetzt noch so, von den Türken Lerios[1]) genannt wird, ein unbenanntes Vorgebirg des Gebirgsstockes 'Αγία Κιουρά (oder 'Αγ. Ματρώνη), liegt unter 37^0 12' 15'' n. B.; der südlichste, ein ebenfalls unbenannter πρώων ἄκρος des Randgebirges Κατα(βατή (d h. Absturz) unter 37^0 5' 42''; der westlichste Punkt, auf der Karte der britischen Admiralität Cap Tesmari (Ableitung?) genannt, unter 26^0 47' 25'' w. Gr.; der östlichste, wie das Kettengebirg, dessen Ausläufer er ist, Βαθειά Λαγκάδα (d. h. weit ausgebogenes Schluchtengebirg) genannt, unter 26^0 55' 5''. Dass die Insel, die auf der Karte im Masstab von ,1 : 50 000 sich ganz stattlich ausnimmt, nur 49,4 km^2 Fläche hat (der bayerische Ammersee 45,4 km^2), darf uns nicht verwundern, wenn wir die grossen Kesselbrüche mit Landverlust im Norden, Westen, Süden und Osten in Betracht

---

[1]) λερός (vgl. ὀλιβρός [dorisch] = schlüpfrig, glatt) bedeutet nach Suidas soviel wie λεῖος = etwas Glattes. Die Insel hat ihren Namen davon, dass sie von aussen wenig bewachsen erscheint. (Heutzutage heisst noch ein Inselchen am westlichen Eingang zur Bucht des griechischen Salamis Λέρος.) Ein Küstenpunkt auf ihr heisst Λεά (= Kahl).

ziehen. Der Flächeninhalt ist in diesem Gradnetz sehr unregelmässig verteilt. Etwa in der Mitte ihrer von SO. nach NW. gerichteten Längsaxe ist die Insel durch tief eingreifende Meeresbuchten bis auf einen nur 1,3 km breiten Isthmos zusammengeschnürt, der auch eine Scheide im vertikalen Aufbau ist. Tiefeinschneidende Buchten, die von Παρθένι (die Winterstation der Ierischen Küstenflotille) und die von Πλοφούτης (d. h. πολυφύτης pflanzenreich), unzählige Landvorsprünge, so zahlreich, dass, wie mir Schiffer versicherten, viele von ihnen auch seitens der nächsten Anwohner keinen Namen erhalten haben, eine reiche Flur von vorgelagerten Inselchen, Eilanden und Klippen verleihen der nördlichen Hälfte eine ungemein reiche Gliederung. Die südliche Hälfte ist noch reicher an weiteindringenden Buchtungen (der fjordartige Einbruch κόλπος Λακκίου [λακκί heisst Vertiefung] schneidet bei einer Breite von 1 km 3½ km tief ins Land ein), aber ärmer an vorgelagerten Eilanden. Die Γλαρονήσια (d. h. Möweneilande) bilden eine Brücke zu dem so nahen Κάλυμνος. Die Insel ist reich an Häfen, die freilich trotz ihres tiefen Hafenwassers und der umgebenden schützenden, meist hochaufsteigenden Landspitzen des recht alten Gebirges, mit Ausnahme des Hafens Ἁγ. Μαρίνα im κόλπος Ἀλίνδων und des Παρθένι-Golfes zunächst nur für die wenig tiefgehenden Fahrzeuge der Inselbewohner und der Kleinasiaten des Festlands von Nutzen sind. Die Einfahrt ist nicht selten durch vorliegende Klippen und Riffe für Schiffer, die keine seegewandten Griechen sind, nicht gar leicht. Die ununterbrochene stille Arbeit des πόντος ἀτρύγετος hat ausserdem in den Winkeln der Buchten Seeschotter und Sand angeschwemmt, der nur im Haupthafen des Städtchens einigermassen ausgebaggert ist.

Von den vorgelagerten Inselchen sind die bedeutenderen: a) in Nordwesten die Φαρκαδονήσια (s. o. S. 2 ff.), wie sie richtig von den Leriern, Phários-Islets, wie sie auf der Seekarte n. 1660 irrig genannt werden, fünf öde Eilande südwestlich neben dem schon beschriebenen stattlicheren, aber ebenfalls öden, nur zur Ziegenweide benützten Ἀρχάγγελος, der grössten unter allen den Inselchen um Leros; b) im Norden Πατελίδι (so genannt wegen der Ähnlichkeit der äusseren Form mit einer πεταλίδα, einer Patellamuschel) und Τρυπητή (d. h. die Ausgehöhlte), Στρογγυλή

d. h. die Runde); c) in der Bucht von Γούρνα (d. h. Becken) im Westen das gleichnamige Eiland; d) im Süden die schon erwähnten Γλαρονήσια, der Tummelplatz von Seemöwen und Βελόνα (d. h. die Nadel [von ihrer langgestreckten und zugespitzten Gestalt]); e) im Osten: Πηγανοῦσα (= das Rauteneiland, weil dort auf dem trockenen Boden ruta silvestris, πήγανον, jetzt von den Griechen πήγανι genannt, massenhaft vorkommt). Die Bildung auf -οῦσα ist für neuere Zeit nicht gewöhnlich, der Name geht vielleicht auf byzantinische Zeit zurück). Vor der Bucht von Παντέλι, dem versandeten Südhafen des Städtchens Λέρος, liegt eine abenteuerlich geformte Insel, die ihren Namen Κυριακή von einer Heiligen hat.

Vertikale Gliederung.

Betrachten wir die Meerestiefenzahlen, die auf der schon öfters erwähnten englischen Admiralitätskarte die Insel in Scharen umgeben, und verbinden wir die Tiefenzahlen I) 25 Faden (= 46 m), II) die von 50 Faden (= 93 m) und III) die von 75 Faden (= 139 m) durch Linien, so finden wir, dass an der ganzen Westküste die I. Linie mehrmals bis auf 75 m sich der Küste nähert, mit anderen Worten, dass die Westküste der Insel in einem Durchschnittsneigungswinkel von 30° zum Meeresboden abfällt. In einer durchschnittlichen Entfernung von 300 m folgt die II. Linie von 50 Faden Tiefe mit einer Neigung von durchschnittlich 15° und etwa 600 m westlich von der Linie II ist die See bereits 139 m tief. Die Grundfesten der Insel im Westen sind somit als unterseeisches Gebirg mit stetig steil ansteigenden Höhen aufzufassen. Viel flacher verläuft der Seeboden im Osten der Insel. Die Tiefe von 46 m wird freilich stellenweise schon 100 m von der Küste erreicht, dagegen die von 92,5 m erst durchschnittlich in einer Entfernung von 7 km, und während im Westen nach Lebinthos zu die 100 Faden-Linie (185,2 m) schon in einer Entfernung von 1,66 km liegt, beträgt die grösste Tiefe im Osten zwischen der Insel und der kleinasiatischen Küste (Karien) nur 53 Faden (97,75 m). Somit stellt sich Leros nicht nur in Hinsicht auf die geologischen und geognostischen, sondern auch auf die plastischen Verhältnisse als eine Fortsetzung der gegenüberliegenden Küstenterrassen dar. Bei dem grossen Kesselbruch, der die Entstehung des Meeres zwischen dem griechischen Festland, Thrakien und Kleinasien zur Folge hatte, wurden die zwischen Leros und dem Küstenrand Kleinasiens liegenden niederen Teile von der See bedeckt. Der vom Isthmos nördlich gelegene Teil der Insel besteht aus zwei Horsten, einem östlichen und einem westlichen, zwischen denen die schon mehrmals erwähnte enge Thalschlucht Καμάρα-Σααλοό (S. 5, 14) eingezwängt ist. Den östlichen Horst bilden folgende Höhen: Κλειδί (höchster Punkt 369 m) im Süden mit dem Landvorsprung ˇΑσπρη Πούντα (= Weissspitze) mit einer „Bank" davor (Πάγκες), und der Rede Κρυφός (sc. δρμος mit verstecktem Eingang) und den beiden Vorgebirgen Κάτω und ˇΑνω Ζύμη (d. h. Fladen). Im Nordosten schliesst sich ein unfruchtbarer Felsgrat Βηλιά (d. h. vigilia, die Warte) an, der nach Osten eine kleine Reede Βηγιά (= Gebüsch) und im Norden das Vorgebirg 'Ασρούγγαρος (= Ort, wo man keine Schwämme findet) hat. Die westliche Begrenzung ist das stark verästelte System des Hügels Βίγλα (= vigilia, Warte), das im Süden bei der Gegend ˇΑμμος mit einem Berg ˇΑγ. Κυρίκος (209 m) seinen Anfang nimmt, im Norden den geräumigen Hafen von Παρθένι bildet, der von allen Seiten geschützt ist, aber nur eine Tiefe von 5,5 m hat. Im Norden liegt dem Hafen ein Querriegel 'Αγ. Κιουρά (von dem Namen einer Heiligen genannt) vor. Isoliert ist im Norden das Vorgebirg Κοραγς, das vielleicht das άκρωτήριον τού Κόρακος des XII. Jahrhunderts ist Denn in dem byzantinischen Protokoll von 1187 (s. o. Acta et diplomata VI no. XII) wird die Grenze des Klostereigentums von Süden nach Norden gezogen. Die Örtlichkeit Παρθένι wird genannt: Είτα περνᾷ (= erreicht sie) τὸ ἀκρωτήριον τού Κόρακος.

Der westliche Teil der Nordhälfte, der im eben genannten Protokoll προάστειον (d. h. Landbezirk) ἡ Στρόβηλος[1]) heisst, ist von Randgebirgen umgrenzt, die steil nach der See abfallen und ins Innere Ausläufer wie Radien senden. Die hügelige Gegend

---

[1]) Der Name war jedenfalls Στρόβελος zu schreiben. Ob die Benennung des Bezirks von dem (seltenen) Vorkommen von Pinus picea (στρόβιλος) oder davon, dass er, von Randgebirgen umgeben, eine grosse Rundung einnimmt, ist kaum zu entscheiden. Dass er nach dem kleinasiatischen Kloster Στρόβιλος, das auch in Akten Στρόβηλος geschrieben wird, genannt ist, halte ich für ausgeschlossen.

zunächst nordwestlich vom Isthmos heisst von dem Reichtum an Feigen Συκιά. Ihr ist nach SW. eine Kuppe vorgelagert, deren Ausläufer das Vorgebirg Πλάκα (d. h. Tafel) mit der Landzunge Καταχρωτήρι (d. h. das südliche Vorgebirge) ist. Die Einsattlung zwischen der Kuppe und dem Höhenkranz Τουρλωτή (d. h. Kuppe), dessen grösste Höhe 297 m beträgt, bildet an der See die kleine Reede ῎Αγ. Νικόλαος Μεραλούδης. Das Randgebirg Τουρλωτή fällt sehr steil und jäh zur See ab. Gar viele Riffe liegen davor. Ebenso jäh und klippenreich ist der Abfall des Nachbarzuges, den die Karte der britischen Admiralität als Alsaki d. h. Καστράκι bezeichnet. Er läuft in mehrere Vorgebirge, z. B. Μάρκελλος (d. h. Marcellus) und Tesmari (Ableitung ungewiss), nach der eben genannten Karte aus und hat im Süden eine kleine Reede, die deswegen, weil ihre Säume unbewachsen sind, Λειά heisst. An Klippen und Einbuchtungen reich ist auch das nördliche Randgebirg, von den Trümmern einer byzantinischen Befestigung, die ehemals den südlichen Eingang zur Παρθένι-Bucht beherrschte, Καστέλλι genannt.

Die Ebenen von Παρθένι, Πλοφούτης, Συκιά, ῎Αμμος und von ῎Αλινδα sind zwar nicht ausgedehnt, aber fruchtbar und von den vielen herabrieselnden Frühjahrsbächlein wohlbewässert.

Die Bodenbildung der südlichen Hälfte der Insel ist sehr ähnlich der des nördlichen Teils. Fast ebenso hohe Randgebirge umschliessen einen grossen Kessel, der von zwei Ebenen, der von Λακκί und von Λέπιδα oder Λέπυρα (d. h. Holzsplitterchen, die vielleicht bei der Anlage des Dorfes massenhaft herumlagen), um den Golf von Λακκί ausgefüllt ist. Der etwa 162 m hohe kegelförmige Hügel, auf dem die Burg des Städtchens Leros sich erhebt, heisst Ἀπίτυς (d h. Fichte), sein nördlicher Abhang ῎Αγ. Ἠλίας (von einer Kapelle des Propheten), sein südlicher Ζύγωμα (d. h. Joch; das Wort kann auch wie Κλειδί Querriegel bedeuten). Er ist nur der östliche Ausläufer des Zuges Μεροβίγλι (d. h. Tagwarte). Infolge davon, dass diese Gegend viel dichter bewohnt ist, als der nördliche Teil der Insel, finden wir mehr Benennungen für die vielen Vorgebirge und Einbuchtungen: den κάβος Μπούρτζι, genannt von dem 600 m westlich gelegenen Fort, dem ὅρμος Ἡτόκι (d. h. Fichtchen), den κάβος Παντελίου von dem südlichen Teil der Stadt mit der gleichnamigen Reede, ῎Ασπρη Πούντα

(Weissspitze), Βρομόλιθος (umrauschter Felsen). Die Gegend, die nördlich dem Μεροβίγλι vorgelagert ist, wird Δρομώνας (Eichenwald) genannt. Der westliche Radialstock heisst Πάτελλο (wohl von der schüsselähnlichen Form). Ein weithin schauendes Vorgebirg heisst Κεφάλα (Grosskopf, von der stumpfen und breiten Form), eine Klippenbank Σκρώφες (= Bachen, wohl nicht von ihrer Gestalt, sondern weil die grösseren von ihnen von mehreren kleineren umlagert sind), ein südliches Vorgebirg von gekrümmter Gestalt Κατσούνι (spr. katschúni = sichelförmiges Messer). Von dem häufigen Vorkommen gewisser Pflanzen haben zwei kleine Reeden ihre Namen: 1) Σκοινώντα (Simsicht), oder wie Οἰκονομόπουλος wohl richtig vermutet: Σκινώντα (von σχίνος, dem Namen für die [wilde] Pistacia lentiscus, den Mastixbaum) und 2) Μερικιά (von μυρίκη == Tamarix africana).

Den Südostrand der Insel umsäumen: Τούρτουρας (onomatopoietischer Name von der Brandung der Wellen), Βαθειά Λαγκάδα (weitgedehntes Schluchtengebirge, höchste Kuppe 341 m) mit den Vorgebirgen Λαγκάδα und Μακρυά Σκάλα (entfernter Landeplatz). Der westliche Ausläufer des Βαθειά Λαγκάδα-Gebirges hat den Namen Τσίγκουρας (d. h. Beil; von der Form). Diese Kette trennt das schmale, gewundene Thal von Λέπιδα mit der südlichen Reede von Ξερόκαμπος (= Trockenfeld) von dem bogenförmig gekrümmten Randgebirg mit südlichem „Steilabfall" Καταιβατή mit den Vorgebirgen: Μαῦρος κάβος (= schwarzes Vorgebirg), Καταιβατή und Ἄγκιστρος (d. h. Angelhaken von der hakenförmigen horizontalen Krümmung).

Geologisches und Geognostisches.

Das Knochengerüst der Insel, dessen Aufbau ich soeben geschildert habe, ist seinem Kern nach sehr alt. Die vielen durch die Einwirkung der Atmosphärilien und der Temperatur, durch die Arbeit der Pflanzen, durch seismische Erschütterungen, durch die Ausnagung an den Küstensäumen hervorgebrachten Abbröckelungen, deren Zeugen die allenthalben verstreut herumliegenden Steinbrocken sind, beweisen, dass an der Oberfläche im Lauf von Jahrtausenden mähliche Veränderungen stattgefunden haben.

Über die geologischen Verhältnisse gibt es so gut wie gar keine Vorarbeiten; nur der kurze Abschnitt bei *Ikonomópulos* enthält dürftige Bemerkungen über das Vorkommen verschiedener Gesteinsarten. Den Unterschied in der geologischen Beschaffenheit von Leros und Kalymnos streift *W. R. Paton*.

Die Bemerkung bei Ikonomópulos (S. 8), die Gesteine von Leros beständen aus harten granitischen und trachytischen Gesteinen, hatte mich, ehe ich nach Leros ging, mit Misstrauen erfüllt. Ich sammelte auf verschiedenen Durchwanderungen der Insel eine Anzahl Handstücke, von denen mir ein Teil nebst Aufzeichnungen über Streichen und Fallen der Sedimentschichten bei der Überführung nach Deutschland zu Verlust ging. Herr Dr. *Ampelas* hatte die Güte, auf meine Bitte die Lücken, soweit es seine Amtsthätigkeit erlaubte, durch Zusendung neuer Proben zu ersetzen. Herrn Dr. *v. Ammon*, K. Oberbergamtsassessor am geognostischen Bureau in München, möchte ich an dieser Stelle meinen freundlichen Dank für wertvolle Aufschlüsse abstatten. Die Gesteinsproben, über die ich jetzt verfüge, reichen, den nord- und südwestlichen Teil ausgenommen, über die ganze Insel. Die Rücksicht auf den Raum und das Bedenken, dass das vorliegende Material doch unzureichend ist, verbieten mir, eine Darstellung der geologischen Verhältnisse der Insel zu versuchen. Es wird mir später vielleicht vergönnt sein, auf grund des bis jetzt gesammelten und neuen Materials die stratographischen und tektonischen Verhältnisse der Insel eingehender zu schildern, als es in einem Gymnasialprogramm, das doch auch dazu bestimmt ist, von unsern Schülern gelesen zu werden, geschehen kann. Für diesmal teile ich nur folgendes mit: Aus meinen Handstücken und den erhaltenen Aufzeichnungen geht hervor, dass eine ältere Formation von archaischem Habitus mit krystallinischen Schiefern, Quarz- und Marmorarten und eine jüngere mit dolomitischen grauen Kalken, mit Schieferthon, dabei auch Thonschiefer, wenigen Sandsteinen und Breccien vorhanden sind. Ein Geröllstück von Πύκτης enthält Magneteisen. Eruptivgesteine befinden sich unter meinen Gesteinsproben nicht.

Das Gebiet der älteren (archaischen Gruppe) befindet sich im Osten der Nordhälfte der Insel. Grenzpunkte sind (s. d. Karte):

Μαύρη Ράχις (Urkalk), Άγ. Ισίδωρος [Σίδερος] (körniger unterer Kalk), Καταρίδι (Quarz), Πάτελλο (krystallinischer, körniger, schieferiger, wahrscheinlich dolomitischer Kalkstein).

Jüngerer Formation scheint die Halbinsel, auf der das Städtchen liegt, und die östlichen zwei Drittel der Südhälfte der Insel anzugehören (Dolomit, Schieferthon, jüngerer Kalk). Doch findet sich an der Südspitze der Insel bei Διαπόρι Πούντα noch Glimmerschiefer, den ich auch sonst auf der Insel auf Höhen nicht selten angetroffen habe.

Bei Turlotí fand ich Thonschiefer, vielleicht aus paläozoischer Periode. Versteinerte Pflanzen- oder Tierreste hat man bisher auf dem Boden der Insel nicht gefunden.

Vielleicht regen diese Bemerkungen zu dem dankenswerten Unternehmen an, die geologischen Verhältnisse der Insel fachmännisch zu untersuchen.

Auf Leros gibt es viele Höhlen: in der Nähe des Städtchens an den Abhängen des Merowígli, die von Μπαεράμι (türkisches Wort: Beïrám, mit unserm Osterfest etwa zu vergleichen), bei Wromólithos, von der die Gemarkung den Namen Σπήλια (d. h. Höhlen), erhalten hat, in deren Nähe eine Seehöhle Κογλακοπός (vom Gebrause der Wogen genannt). An der innersten Biegung der Reede von Kriphós befindet sich ebenfalls eine Seehöhle, in der unter dem Seespiegel eine Süsswasserquelle emporsprudelt. Bei Kamára heisst ein Berg von der darin befindlichen Grotte Kuphówunos. Im nordwestlichen Teil der Insel gibt es im Gebirgszug Kastélli drei Höhlen: Κεράμοι (d. h. wohl Fässer) und eine andere am Vorgebirg Márkellos. Auch im südlichen Teil fehlt es nicht an Höhlungen. Es gibt solche bei Teméni und Lépida. Die bei Skinúnta ist geräumig und dient jetzt wie manche andere zur Unterbringung der Weideherden bei schlechtem Wetter. Sie heisst Δρακοντόσπηλιο (Schlangenhöhle).

Trockenbäche, Quellen.

Die Griechen des Altertums nannten die Betten aller einigermassen längeren Wasserläufe, auch solcher, die nur bei Regenwetter, also im subtropischen Gürtel im Winter, Frühjahr und zu Ende des Spätherbsts Wasser führen, ποταμοί (von πίπτω), das heisst Rinnen, in denen Wasser fliesst oder rieselt. Diese Bezeichnung hat sich in den meisten Gebieten altgriechischen Kulturlebens, und so auch auf Leros erhalten. Auf der Insel gibt es aber kein Flüsschen in dem bei uns verstandenen Sinn. Es wäre verfehlt, anzunehmen, die Insel Leros sei von so und so vielen Flussadern durchzogen. Selbst in der späten Jahreszeit, in der ich die Insel durchstreifte, war in den auf der Karte angedeuteten Wasserläufen nur da Wasser vorhanden, wo eine Quelle in der Nähe war, die in das Rinnsal ihr Nass sickern liess. Es ist wahrscheinlich, dass im Altertum und noch in der Zeit der byzantinischen Herrschaft die Gerinsel etwas mehr Wasser mit sich geführt haben, aber auch nur einen Bach in unserem Sinn hat es dort seit Jahrtausenden nicht gegeben. Die ganze horizontale Gestaltung der Insel ist der Bildung eines längeren Wasserlaufs ungünstig. Das Bett des χείμαρρος, der bei Παρθένι mündet und der längste auf der Insel ist, dehnt sich auf 4½ km aus.

Wenn dagegen einmal auch nur ein kurzer aber starker Regenschauer herniederbraust, ist der teilweise gepflasterte Weg von Ἁγ. Μαρίνα zur Oberstadt auf eine halbe Stunde in einen Sturzbach verwandelt. Die vielen Pfade, die kreuz und quer die Insel durchziehen, und die Feldraine (ὅδραι! genannt), sind in der Regenzeit alle Betten von Sturzbächen, dann wieder den langen Sommer und Frühherbst hindurch trocken. So erklärt es sich, dass kaum ein Trockenbett einen Namen hat.

Quellen gibt es viele, solche mit süssem Trinkwasser, (11 allein vom Μεροβίγλι), dann auch solche mit brakischem (γλύφαι, τσιρλόνερα) und mit lauem und warmem Wasser[1]). Dem Namen nach die merkwürdigste scheint mir Παλῃασκλούπη (das heisst Alt-Asklepios) am Κάστρον der alten Stadt zu sein, wohl nach einer alten Kultstätte des Heilgottes so genannt. (S. die Karte.)

Höher oder ungünstig gelegene Orte entbehren nicht selten der fliessenden Quellen, und man musste schon in alter Zeit dort Behälter zum Auffangen des Regenwassers bauen. Ein ganz alter Brunnen befindet sich bei Plophútis. In der Bulle no XII (s. o.) werden mehrere solche erwähnt, die Μεγάλη Κινστέρνα (Cisterne) und das Ποτιστήριον (Tränke).

---

[1]) Über die warmen Quellen auf den Inseln des Archipelagos wird demnächst Karl *Flegel* eine Schrift veröffentlichen.

Pflanzendecke.

Im Innern war und ist die Insel nicht so arm an wildwachsenden Bäumen und Gesträuchen, wie sie von der See aus erscheint. Namen, die zum Teil schon aus dem Mittelalter stammen, wie Βαγία, Δρομώνας, Μερικιά, Μηλιές (Apfelbäume), Πολυτρούτης, Πρίνοι (Stechpalmen), Σκινώντα, Συκιά beweisen uns das Gegenteil. An Bäumen gibt es jetzt grössere Bestände von Wintereichen verschiedener Art, von pinus maritima Haleppensis (Mittelmeerpinie), Platanen, Cypressen, Akazien, Weidenbäumen, Karuben-, Öl- und Feigenbäumen, von niedrigerem baumartigem Gehölz: Mandel-, Lorbeer-, Mastix-, Myrten- und Wachholderbäumchen, an Gesträuchen: vitex agnus castus, Oleander. Alle diese Gewächse behalten ihr Laub den Winter hindurch

Über die Getreidegräser, die Hülsenfrüchtenfelder, die Weinrebengefilde und die Agrumibaumanlagen werde ich später handeln. Einheimisch sind die sehr zahlreichen Simsen, Binsengewächse und Schilfe, die zu ansehnlicher Höhe gedeihen. Aromatische Kräuter, wie Basilicum, Origanum, Thymus, gibt es in Menge.

Viele Pflanzen wurden im Laufe der Zeit aus fernen Gegenden auf der Insel angesiedelt. Soweit sie für die Volkswirtschaft in Betracht kommen, wird ihrer weiter unten gedacht werden. Die Aloe, die im Mittelalter auf Leros gedieh (s. oben bei *Buondelmonti* und seinen Ausschreibern), kommt nicht mehr vor.

Klima und Temperatur. Luftmeer.

Lage, Bodenbeschaffenheit, Meeresumgebung, Pflanzenbedeckung, Atmosphärilien und die Bewegungen im Luftmeer bedingen die Wärme- und Kältemischungsverhältnisse der Luft und des Bodens.

Leros liegt im südlichen (subtropischen) Drittel der nördlich gemässigten Zone, hat keine hohen Erhebungen, ist reich gegliedert und hinreichend mit Gewächsen bedeckt. Die Windströmungen kommen zumeist aus Westen und Osten. Die Winterregen dauern von Ende Oktober bis gegen Ende April. In der Zwischenzeit fällt sehr selten Gewitterregen. Darum ist in der schönen Jahreszeit die Luft so durchsichtig. Schnee gibt es nicht, Reif und Hagelwetter sehr selten. Tau fällt nur an den Grenzen der schönen Jahreszeit. Der höchste Stand der Temperatur ist gegen $+30^{\circ}$ des hundertteiligen Thermometers (die Bucht von Alinda ausgenommen), der niedrigste durchschnittlich $+10^{\circ}$. Daher gedeihen viele aus den Nilländern, aus Vorderasien und Amerika eingeführte Gewächse, Dattelpalmen (ohne Früchte zu tragen), Bananen und Opuntien.

Im Sommer strömt in den Vormittagsstunden der warme Landwind von der kleinasiatischen Küste her über die Insel, auf die See hinaus, die ihrerseits kühleren Lufthauch an die Küste entsendet.

Tiere.

Von grösseren Nutztieren sind von jeher nur wenige Arten spärlich vertreten: Ziegen, Schafe, Esel und Büffel. Schweine und Hühner werden jetzt seltener gehalten, als früher.

Von alten Schriftstellern werden Perlhühner (μελεαγρίδες) erwähnt, die man im Bezirk der Artemis bei Parthéni hielt. Als das Christentum durchdrang, hat man sie vernachlässigt, und gegenwärtig ist kein einziges Stück dieser Hühnervögel mehr zu sehen, ebensowenig wie ein Pfau auf Samos.

An Jagdtieren finden sich Hasen, Kaninchen, Rebhühner, Feigenschnepfen und kleinere Zug- und Strichvögel.

Reissende Tiere gibt es nicht. Der Bezirk der Insel ist zu eng, als dass sie aufkommen könnten, und die Entfernung von der Küste ist zu weit, als dass es ihnen möglich wäre, vom Festland herüberzuschwimmen.

An Reptilien habe ich die gefährliche σαγίττα (d. h. Pfeil, altgriechisch: ἀκοντίας, lat. iaculus) bemerkt, an Amphibien Landschildkröten und viele Echsen.

Auf moosfeuchten Gründen gibt es viele Landschnecken.

In den trockenen Gegenden bewohnen ausser sehr schönen, grossen Faltern zweierlei Arten von Cikaden Gebüsche und Bäume: die ἀχέται (vom Laut genannt) und die τεττιγόνια, die τέττιγες der Alten.

Die Bienenvölker bringen kleinasiatische Türken auf die Dauer der schönen Jahreszeit nach Leros herüber.

Das Meer um Leros enthält eine sehr grosse Menge verschiedenartiger Fische und Polypen, wie deren im ganzen

Archipelagos vorkommen. Wenn man das Schleppnetz ziehen sieht, nimmt man eine erstaunliche Mannigfaltigkeit in Gestalten und Farben wahr. Da wimmelt es von schwarzen Brachsen (μελανούρια), rosafarbenen μπαρμπούνια (Seebarben), ἐρυθρῖνοι und Goldorfen, von grünblauschillernden πέρκαι und grauen σάλπαι. Aus der Gattung der Aale zeigen sich einige γόγγροι und die gefrässigen, scharfzahnigen σμέρναι (Muränen). Unerschöpflich ist die See an Weich- und Gliedertieren aller Art.

Das Landschaftsbild.

Von der See aus macht die Insel nur nach der Ostküste hin den Eindruck eines bewohnten und bewachsenen Landes. Schon im Altertum entwickelte sich der Verkehr auf dem Kleinasien zugewendeten Ostgestade.

Beim Wandern im Innern fallen die ernste, teilweise düstere Einsamkeit, die strengen Umrisse der Höhen, das spärliche Unterholz auf. Im Altertum und Mittelalter mag vielleicht die Insel pflanzenreicher gewesen sein. In den Niederungen fehlt es nicht an fruchtbaren, quellenreichen und gutbewachsenen Strichen.

Das dunkle, satte Grün der schlanken Pinien und Cypressen, das silbergraue Laub des knorrigen Ölbaums, die zarten Blätter der Mandelbäumchen, das Fehlen rieselnder Gewässer unter einer Lufthülle, die niemals einen ganzen Tag von Wolken umdüstert ist, der stellenweise gebotene Ausblick auf die im Sommer sich leise kräuselnde oder schwach rauschende Meeresfläche, von der ein feuchter Hauch herüberweht, alles steht in fremdartigem Gegensatz zu den Erscheinungsformen mitteleuropäischer Landschaft. Die Ruhe, die über der Natur liegt, wird nur durch das Summen von Bienen, das Gezirpe einer Cikade, das Krächzen einer gelbfüssigen Krähe, oder den schrillen Schrei der Möwe gestört.

Die Bewohner und ihre Schicksale.

a) Bis zur Bildung einer christlichen Gemeinde.

Es scheint, dass lange vor der Besiedelung durch eine Kolonie aus Miletos[1] die Insel bewohnt war, vielleicht, da ihr Gebiet

---

[1] *Anaximenes* von Lampsakos bei *Strabon* XIV p. 635.

noch mit dem Festland zusammenhing.¹) Von den Nachbarinseln sind Kjökkenmöddinger (Abfallhaufen), von Samos geschliffene Steinäxtchen, die von den in Karien und Lydien gefundenen in nichts abweichen, bekannt.²) Von Leros kennen wir zwar kein solches Fundstück, aber offenbar hat man auf derartige Dinge bisher dort kein Gewicht gelegt.

Welchem Volk die ältesten Bewohner angehört haben, wissen wir nicht; jedenfalls gehörten sie zu den Leuten, die an der Küste Kleinasiens gewohnt hatten und den Karern hatten weichen müssen. Diese behaupteten zwar von sich, dass sie Autochthonen seien, aber dem scheint nicht so zu sein.

Wie Strabon (X 5, 19 [489]) uns bezeugt, glaubten im Altertum einige Gelehrte, unter den νῆσοι Καλύδναι, die B 677 der Ilias genannt sind, Kalymna und Leros verstehen zu müssen. Wäre diese Auslegung richtig, dann hätten der poetisch-mythographischen Überlieferung des Altertums zufolge zur Zeit des troischen Krieges Herakleiden auch über Leros geherrscht. Der gewissenhafte Erdbeschreiber selbst war der Ansicht, dass die Inseln um Kalymna a potiori als νῆσοι Καλύδναι bezeichnet würden. Wir wissen weiter nichts darüber.

Allem Anschein nach sind an der Stelle des Herodotos (VII 99) unter den Kalydniern, die zur Zeit des Xerxes von Persien unter der Herrschaft der älteren Artemisia von Karien gestanden haben, die Lerier nicht zu verstehen. Die Insel war, wie gleich unten gezeigt werden wird, damals längst im Besitze von Milesiern, und es wäre seltsam, wenn Herodotos, der die Insel jedenfalls kannte und sie mit ihrem Namen nennt, es unterlassen hätte, an dieser Stelle ihre Bewohner besonders namhaft zu machen.

Im letzten Drittel des VI. Jahrhunderts hatte Leros bereits einen griechischen lyrischen Dichter, Demodokos, unter seinen Söhnen, stand also mitten im bereits hoch entwickelten Kulturleben des asiatischen Ioniens. Von Demodokos sind uns nur zwei echte elegische Bruchstücke überliefert³) In diesen werden

---
¹) *Neumayr* M., Erdgeschichte I, 329
²) S. *Bürchner*, Das ionische Samos I, 2. S 16/7. Ein zweites besitzt H. Kommerzienrat Th. *Stützel* hier, ein drittes befindet sich auf Samos.
³) Poetae lyrici graeci ed. Bergk ⁴II p 65.

die Chier und die Milesier getadelt. Im letzten Distichon sagt er:

Καὶ τόδε Δημοδόκου· Μιλήσιοι ἀξύνετοι μέν
Οὐχ εἰσί, δρῶσιν δ'οἷά περ ἀξύνετοι.

Der Dichter glaubte Grund zu haben, den Milesiern unkluges Handeln vorwerfen zu müssen.

Von dem gleichzeitigen Lyriker Phokylides aus Miletos haben wir ein Trutzdistichon auf die Lerier, das lautet:

Καὶ τόδε Φωκυλίδεω· Λέριοι κακοί οὐχ ὁ μέν, ὃς δ'οὔ,
Πάντες, πλὴν Προκλέους· καὶ Προκλέης Λέριος,[1])

d. h.: „Auch das (Distichon) ist von Phokylides: Die Lerier sind schlecht; nicht nur dieser, jener aber nicht, sondern alle, Proklees ausgenommen; doch auch Proklees ist ein Lerier." Den Namen Προκλέης wählte Phokylides, weil Demodokos im Spottdistichon auf die Chier einen Proklees als Ausnahme genannt hatte.

Daraus, dass Demodokos als Lerier bezeichnet wird, geht hervor, dass damals schon die Stadt dieses Namens bestanden hat. Was war nun wohl der Grund, dass Demodokos die Milesier tadelte und Phokylides die Lerier herabsetzte? — Wir wissen aus der früher angeführten Stelle des Anaximenes von Lampsakos, der um 366 schrieb, und aus attischen Tributlisten,[2]) dass Milesier sich auf Leros niedergelassen haben. Aus der später anzuführenden Stelle des Herodotos scheint hervorzugehen, dass schon vor dem ionischen Aufstand Leros den Milesiern gehört hat.

Und so werden wir die Besiedelung der Insel durch Milesier mindestens ins VI. Jahrhundert zu setzen haben. Der östliche Hafen der Insel diente dann den Milesiern als Station auf ihren Fahrten nach Naukratis im Nildelta.

Die Stadt hatte man an der geräumigen und tiefen Hafenbucht in der Mitte der Ostküste, die dem milesischen Küstengebiet zugekehrt und davon 61 km entfernt war, angelegt. *Ross*[3]) zog aus den Terrassenmauern, den Resten alter Gebäude aus Bruchsteinen in Mörtel und den Grabgewölben (θολάρια), ferner

---
[1]) Poetae lyrici graeci ed. Bergk ⁴II p. 67.
[2]) S. unten.
[3]) In dem S. 5 A. 2 angeführten Werk S. 119.

aus den Scherben und Marmorsplittern in den Äckern den Schluss, dass die alte Stadt westlich von dem heutigen Städtchen am Nordabhang des Merowiglihügelzuges gelegen habe. Befestigt war dieses Städtchen nicht; dagegen hatten unzweifelhaft die Milesier ein Bollwerk sehr wahrscheinlich auf dem Kastronhügel gebaut. Dieser ist schwer zugänglich, beherrscht den Hafen und bietet einen weiten Ausblick. Hier oder in dessen Nähe wollte wohl auch Hekataios im Jahre 498 die grössere Festung zum Schutz der aufständischen Milesier anlegen lassen. Der Platz für das alte und neue Städtchen ist insofern ungünstig gewählt, als im Sommer, wenn nicht Westwinde wehen, die Sommerhitze über der Thalmulde brütet, so dass jetzt viele Lerier für die Dauer dieser Zeit ihre Sommerwohnungen in Lépida, Teménia, Lakkí beziehen. Aber die Lage an der guten Hafenbucht bietet so viele Vorteile, dass, so lange es Lerier gibt, der Hauptplatz immer am Kastron sein wird. Als die Kaiserin Anna Dúkäna Dalassiní das Schloss von Pantéli dem II. Christódulos schenkte, wanderten die Lerier nach Lépida aus und gründeten dort ein Städtchen, von dessen ehemaligem Dasein *Buondelmonti*[1]) spricht. Sobald aber das Schloss wieder der Bürgerschaft zurückgegeben war, kehrten sie an die Bucht von Aja Marína zurück, wiewohl das Klima von Lépida zuträglicher ist.

Wie sich die milesischen Ankömmlinge mit den angetroffenen früheren Bewohnern auseinandergesetzt haben, entzieht sich unserer Kenntnis. Wahrscheinlich hob sich bald der Wohlstand unter der Einwirkung der handelsgewandten Milesier, die Leros als nächste Station für ihre Fahrten nach dem Süden gewonnen hatten. Zu dem Betrieb des Ackerbaues trat der des Handels, dessen Erträgnisse zunächst den wirtschaftlich Kräftigeren zu gute kamen.

Was die Verfassungsform betrifft, so ist anzunehmen, dass die milesischen Einwandererfamilien sich wenigstens bis zum vierten Jahrhundert immer noch als Milesier gefühlt haben. Denn wir können unter den Μιλήσιοι Λέριοι der Listen der Abgaben zur delisch-attischen Amphiktyonie nur Leute verstehen,

---

[1]) Liber insul. 105. Vergl o. S. 3 und Anm. 3.

die von Milesiern abstammten, aber auf Leros lebten, und möglicherweise war das Verhältnis der Milesier auf Leros zur Gemeinde der Mutterstadt, wenigstens in der älteren Zeit, ähnlich wie das der attischen Kleruchen auf Lesbos, Samos u. s. w. zum athenischen Staat, so dass die Milesier auf Leros ihr milesisches Bürgerrecht beibehielten. Ein milesischer Demos Λέριοι auf dem Festland, der in Inschriften [1]) (wohl des IV. Jahrhunderts) genannt wird, scheint das unwiderleglich zu bestätigen. Zu Zeiten mag das Verhältnis zwischen Mutterstadt und Kolonie etwas getrübt gewesen sein, und auf solche Zwischenfälle gehen wohl die Distichen des Demodokos und Phokylides zurück.

Dass Leros zu einer nicht unbedeutenden Blüte gelangte, ersehen wir aus dem hohen Tribut von 3 Talenten, den die Μιλήσιοι ἐξ Λέρου Olympiade 81,3 (= 454)[2]) zum athenischen Seebund steuerten. In späteren Jahren ist ihr Tribut meistens in den der Milesier eingerechnet. Von dem Betrieb der Landwirtschaft und Viehzucht konnte dieser Wohlstand nicht herrühren. Die Erwerbsthätigkeit der herrschenden Klasse der Bevölkerung bewegte sich auf den Gebieten der Schiffahrt und des Handels, wie bereits oben angedeutet worden ist.

Ob freilich die Gold- und Silbermünzen ohne Aufschrift mit dem Delphin, dem Skorpion, der Löwenhaut und anderen Wappen, die *Brandis* [3]) verzeichnet, von Leros herstammen, ist unbewiesen. P. *Six* [4]) meint, dass ihre Zuteilung nach Leros, weil sie von einer ziemlich bedeutenden Stadt herkommen müssen, nicht unwahrscheinlich sei. Bei den engen Beziehungen von Leros zu Miletos im V. Jahrhundert ist kaum anzunehmen, dass besondere Münzen auf Leros geschlagen wurden. Gesicherte Prägungen von Leros kennen wir nicht.

Was die Verehrung der Götter anbetrifft, so ist wohl die älteste Kultstätte im Norden bei Παρθένι anzusetzen. Artemis, die Göttin, die an vielen Küstenorten Kleinasiens und auf den benachbarten Inseln, wie Patmos, Ikaros, Samos, besondere Ver-

---

[1]) *Le Bas*, Phil., Voyage archéol. en Grèce III 2 (Inscript.) n. 238, 240.
[2]) Corpus Inscriptionum Atticarum I no. 226. U. *Köhler* in Abh. der Berl. Akademie 1869 I S. 157.
[3]) Münz-, Mass- und Gewichtsystem 406 (nach Waddington).
[4]) Numismatic Chronicle 1890, 231/2.

ehrung genoss, hatte dort einen wohl alten und, wie es scheint, zur Zeit der Blüte der Insel stattlichen, aber nicht grossen Tempel.[1]) Sie wurde dort unter dem (ursprünglich adjektivischen) Beinamen 'Ιοκαλλίς²) verehrt. Priesterinnen dienten der Göttin.[3]) Man scheint dort die Göttin als Beschützerin der Tierwelt aufgefasst zu haben. Auf den Fahrten der Lerier nach dem Süden hatte jemand afrikanische Perlhühner[4]) bekommen, diese Gattung Hühnervögel zum Tempel gebracht und sie der Göttin geweiht. Späterer Sagensynkretismos brachte diese Vögel wegen der Pigmentflecken auf ihrem Gefieder mit weinenden Mädchen in Verbindung. Es ist ja ein alter und bis auf den heutigen Tag erhaltener, durch viele Lieder bezeugter Aberglaube, dass übermässig trauernde Personen in Vögel verwandelt werden. Der lerischen Anschauung nach dachte man sich anfänglich die Perlhühner als die verwandelten Nymphengefährtinnen (συνήθεις) der Artemis. Später scheint vom griechischen Festland die Kultsage von den in Perlhühner verwandelten, um den Tod ihres Bruders und ihrer Mutter über Gebühr trauernden Schwestern des Meleagros von Kalydon auch auf Leros Anklang gefunden zu haben.

Dass die Perlhühner, wie *Hehn* meinte, wegen ihres streitsüchtigen, amazonenhaften Wesens als Genossinnen der Artemis aufgefasst worden wären, ist wohl nicht richtig. Die Sage berichtet, kein Raubvogel habe sich an die lerischen Perlhühner gewagt und die Lerier hätten sie nicht verspeist. Heutzutage gibt es auf Leros kein Perlhuhn mehr, sowenig wie auf Samos einen Pfau. Selbst der neugriechische Name des Vogels ist dort so ziemlich unbekannt.

Die schönen, grossen, rechtwinkelig behauenen Blöcke aus krystallinischem Kalkstein am Südsaum der Bucht von Parthéni (s. o.) stammen wohl aus dem V. oder IV. Jahrhundert.

Ich wende mich zur politischen Geschichte des Ausgangs des VI. Jahrhunderts, deren Darstellung ich in einigen Stücken vorgegriffen habe.

---

[1]) S. o. S. 15.
²) S. die Lexika des Suidas (und Photios) s. v. Μελεαγρίδες. Vgl. Reinh. *Kekulé*, De fabula Meleagria p. 19. — Über die Reste s o. SS. 12, 14.
[3]) Keil im Philologus IX. S. 457. vgl. E. Curtius ges. Abh. II 12.
[4]) Abweichende Ansichten bei *Hehn*, Kulturpflanzen und Haustiere⁴ 318.

Nach dem unglücklichen Ausgang der Schlacht bei Ephesos (498) hatten die siegreichen persischen Feldherren eine ionische Stadt des Festlands nach der andern erobert. Da Aristagores dasselbe Schicksal für Miletos, über das er in Vertretung seines Schwiegervaters Histiaios gebot, befürchtete, berief er die Häupter der aufständischen Milesier und schlug ihnen vor, Miletos zu verlassen und sich entweder nach Sardinien oder nach Myrkinos im Edonerland zu wenden. Es war dies eine Gründung des Histiaios in dem vom Perserkönig Dareios I geschenkten Landstrich am Strymon. Der Logograph (Historienschreiber) Hekataios, des Hegesandros Sohn, widersprach diesen Vorschlägen und meinte, man solle sich auf Leros verschanzen. Von da aus könne man immer wieder nach Miletos zurückkehren. Anaxagores, dessen Ansicht durchgedrungen war, wendete sich mit seinem Anhang nach Myrkinos, wo er bald seinen Tod fand. Es ist wohl möglich, dass andere Milesier nach Leros sich begaben. Der Vorschlag des weitgereisten Historikers und umsichtigen Staatsmannes war so übel nicht. Die Stadt Leros, dem fruchtbaren kleinasiatischen Gestade zugewendet, dem Bereich der seeunkundigen Perser entrückt, nicht weit von Miletos entfernt, bot Schutz und Aussicht auf Wiedergewinn der Heimatstadt. Die Insel hat aber jedenfalls schon vor 498 den Milesiern gehört. (S. o.)

Die günstige Wendung, die infolge der glücklichen und glänzenden Waffenthaten der vereinigten Griechen gegen die Perser eintrat, brachte den Leriern blühenden Wohlstand. Wie die Milesier des Festlandes traten sie der athenischen Symmachie bei. In mehreren Fragmenten der Tributlisten (s. o.) finden wir die Vorträge: Μιλήσιοι Λέριοι, Μιλήσιοι ἐξ Λέρου, Λέρος.[1])

Der Wohlstand förderte auch wissenschaftliche Bestrebungen. Dem V. Jahrhundert gehört der Geschichtschreiber Pherekydes von Leros an, der über Leros geschrieben haben soll.[2]) [In viel spätere Zeiten fällt des Deinarchos von Delos Λέρου ἱστορία [3])]

---

[1]) Corp. Inscr. Att. I. n. 37 (von 425 v. Chr.), no. 226 (von 454 s. o.), no. 251 (von 432), no. 262 und no. 264.
[2]) Fragmenta hist. graec. I, XXXIV.
[3]) Ebendort IV 391 a. b.

Die Quelle Παλησκλούπη (s. d. Karte), deren Name auf einen alten Asklepiosdienst hinweist, ist schon oben (S. 26) erwähnt worden.

Nicht minder ist der beiden alten Warttürme, des von Parthéni und des grösseren von Palâokastro im Xerókampos, gedacht worden. Ausserdem gibt es noch mehrere Reste alter Türme und anderer Befestigungswerke, so das Καστράκι im NW von Parthéni u. a., die noch der genauen Untersuchung bedürfen.

Der Name Teméni (Teménia), der sich im südlichen Teil der Insel für eine Gegend findet (auch auf anderen Gebieten, z. B. auf Kalymnos) bezieht sich wahrscheinlich auf die Heiligung eines Bezirks für irgend eine Gottheit. (S. o. S. 14, A. 2)

Aus dem Jahr 412 wird uns berichtet,[4]) dass die Insel öfters als Schiffsstation bei Unternehmungen für oder wider Miletos diente. Auf Leros war man stets über die Verhältnisse in Miletos gut unterrichtet.

Von den wenigen uns erhaltenen Inschriften scheint das von L. *Ross*[5]) gefundene, jetzt gänzlich verschollene Ehrendekret für einen Hekataios (aber nicht den S. 32 genannten) die älteste zu sein. Wir ersehen daraus, dass im vierten Jahrhundert die Insel demokratische Verfassung (ἐκκλησία) hatte. Der Inschriftstein wird auf der ἀγορά aufgestellt.

Jüngeren Ursprungs sind zwei Inschriften, die der äusseren Form und dem Stil nach so übereinstimmen, dass sie in dieselbe Zeit zu setzen sind. Wahrscheinlich sind sie sogar von demselben Steinmetzen geschrieben. Die eine ist das öfters erwähnte[6]) Ehrendekret für Aristomachos vom 20 Metageitnion[7]) 1886 an der Stätte des Parthenostempels gefunden. Die andere, leider

---

[4]) Thucyd. VIII 26; 27.

[5]) Inscr. graecae ined. II (1842) p. 68; in Minuskeln Fragmenta historic. graec. ed. C. Müller IV p. 623; Οἰκονομόπουλος 151 ἑπ.

[6]) S. o. S. 15. Veröffentlicht von Sakkelíon im Παρνασσός X (1886) σελ. 93, von Ikonomópulos in den Λεριακά (1888) σελ. 153, ἑπ. von *Paton* (s. o. S. 8) und mir, Athen. Mitth. XXI (1896) 33 ff.

[7]) Dieser Monat entspricht wahrscheinlich, wie auf Samos, in der samischen Kolonie Perinthos und auf Patmos, der letzten Hälfte des Augusts und der ersten Hälfte des Septembers.

verstümmelte Inschrift[1]) zu Ehren eines Aristonikos befindet sich auf Patmos, wohin sie verschleppt worden ist, und wird im Bibliothekzimmer des grossen Klosters aufbewahrt. Als Eponymos wird ein στεφανηφόρος genannt. Der beschliessende Körper nennt sich Λέριοι οἱ κατοικοῦντες ἐν Λέρῳ. Drei Antragsteller treten zu Gunsten des Aristomachos in der ἐκκλησία auf. In beiden Inschriften wird verfügt, dass die Urkunden im ἱερὸν τῆς Παρθένου, nicht mehr auf der ἀγορά, aufbewahrt werden sollen. Durch den Ausdruck Λέριοι οἱ κατοικοῦντες ἐν Λέρῳ wird die Stelle einer Inschrift erläutert, die man bei Teichiussa in der Nähe des Heiligtums der Branchidai (j. Jerónta) südlich von Miletos gefunden hat,[2]) in der sich ein προφήτης (d. h Weissagepriester des Apollon) Στράτων Διογένους (Sohn des D.) αὐτοετὴς πανηγυρικός δήμου Λερίων nennt. Es hat also entweder eine Gemeinde der Lerier auf dem gegenüberliegenden Festland gegeben oder ein Teil der Insel-Lerier hat dort ein Gemeinwesen gehabt. Aristomachos erhielt wegen seines geordneten Lebenswandels und weil er als Schiffer sich den Leriern nützlich gemacht hatte, das volle Bürgerrecht.

Die übrigen epigraphischen Denkmäler sind spätere Grabinschriften; eine stark verstümmelte aus der Zeit ist in lateinischer Sprache abgefasst.

Kunstwerke aus dem Altertum sind uns nicht erhalten. Kleinsachen aus Bronze werden zusammen mit antiken und byzantinischen Münzen zuweilen gefunden. Die Statuen der Götter und vielleicht auch andere Standbilder hat der Eifer der Mönche, denen im XI. Jahrhundert die Tempelbezirke geschenkt worden waren, vernichtet, wie ja Christodulos sich rühmt, auf Patmos das Standbild der Artemis (ἀπὸ λίθου λευκοῦ τεχνηέντως ἐξειργασμένον zerstört) zu haben.

b) Bis zur Erwerbung durch die Johanniter, 27. Mai 1306.

Das Christentum hat auf Leros jedenfalls früh Anhänger gefunden. Schon *Ross*[3]) hat auf die wohl in situ bei der Kapelle

---
[1]) Veröffentlicht von Sakkelion in der 'Αρχαιολογική 'Εφημερίς περίοδος B (1862) σελ. 260 ἑπ. ἀρ. 229. Von A. Wilhelm Leros zugewiesen in den Archäolog.-epigraph. Mittheilungen XV p. 9.
[2]) *Le Bas*, Phil., Voyage archéolog. en Grèce III 2 (Inscr.) n. 240.
[3]) Reisen II. 120.

des Ἅγ. Γεώργιος von Σμαλοῦ liegende Aschenkiste aus feinem weissen Kalkstein (64 × 55 × 45,5 cm), auf deren vier Seiten das Monogramm für Χριστός in altertümlicher Form angebracht ist, hingewiesen. Ihre Anfertigung oder Umänderung geht also auf Zeiten zurück, in denen man die Leichen noch verbrannte. Die Leute, die Heiden geblieben waren, — Ἕλληνες nannte man sie — scheinen in grösserer Zahl sich an dem Ort Λευικό (d. h. Ἑλληνικό), westlich vom Merowiglizug und nördlich von Λακκί abgesondert zu haben.

18 Namen von Bischöfen, die als ἐπίσκοποι Λέρου, Λέρνου, Λέρνης auch die Nachbarinsel Kalymna in ihrer Diözese hatten und dem Mitropoliten von Rhodos unterstellt waren, kennen wir aus der Zeit von 553 bis 1888. Dann folgen vier Erzbischöfe.

Zwölf Kirchen und Kapellen, die auf Leros schon 1087 bestanden, zählt Γεδεών (Ἔγγραφοι λίθοι κτλ. [S. S. 6] σελ. 45—48) auf. Da in den Kirchen des griechischen Ritus täglich nur eine Liturgie abgehalten werden soll, und der Klerus jedenfalls zahlreich war, wird es schon damals deren mehr als zwölf gegeben haben.

Es ist möglich, dass *Gedeon* (S. o.) mit seiner Vermutung, die Kapelle des hl. Nikólaos in Lakki sei zu Ende des V. oder im VI. Jahrhundert gebaut worden, recht hat. — —

In administrativer Hinsicht gehörte die Insel unter römischer und byzantinischer Herrschaft jedenfalls zur Verwaltungsprovinz der Inseln und später zum Thema Samos. Bei Hierokles wird sie ebenso wie andere in der Nachbarschaft nicht genannt, offenbar weil das Städtchen sehr herabgekommen war. Nach byzantinischen Erlassen des XIII. Jahrh (s. o. S. 10 u. LXXXVII) war sie dem Zensor von Rhodos und den Kykladen unterstellt.

Über die Schicksale der Bewohner erfahren wir nur für die Zeiten etwas Weniges, in denen die fruchtbarsten Gebiete der Insel an Christodulos, der später Begründer des grossen patmischen Klosters wurde, kamen. Der Kürze halber verweise ich auf die oben (S 10) gegebenen gedrängten Inhaltsauszüge aus den patmischen Urkunden. Die Gemeinde und der Bischof

---

[1]) Epiphanii exposit. praesid. patriarch. (V. Jahrh.) (ed. Tafel in Constant. Porph. etc. Tub. 1846) p. 44. Georg Cypr. descr. orb. Rom. I. 1694. Leon. Sapient. exp. (ibid. p. 50).

scheinen über die Mönchsherrschaft nicht besonders entzückt
gewesen zu sein. Es gab Meinungsverschiedenheiten über die
Abgrenzung der wohl immer gemeinsam benützten Weidegründe.
Eine Zeitlang lebten die vom patmischen Kloster unabhängigen
Leute in Lépida, nicht mehr im alten Städtchen.

Jedenfalls hat die Insel wie alle ihre Nachbarinnen unter
Erdbeben und unter Brandschatzungen durch Seeräuber z. B. durch
Moawija, der 655 Krete, Kos und Rhodos heimsuchte, zu leiden
gehabt.

c) Bis zur Eroberung durch die Türken (1523).

Für die äusseren Schicksale der Insel haben wir Quellen in
den handschriftlichen Libri bullarum, die im ehemaligen Archiv
des Rhodiserritterordens auf Malta aufbewahrt werden. Karl *Hopf*
hat diese Urkundenschätze von Malta mit grossem Fleiss durch-
forscht und zur Darstellung der Geschicke Griechenlands und
der von Griechen bewohnten Gegenden im Mittelalter verwertet.[1]

Schon im XII. Jahrhundert hatten sich Angehörige venezi-
anischer und genuesischer Geschlechter mühelos Herrschaften
auf den Inseln und Küstensäumen des Archipelagos gegründet.
Die Gabalas hatten Rhodos und die umliegenden Inseln an den
byzantinischen Kaiser Watatzis abgetreten. Dann waren diese
einem kaiserlichen Prinzen als Apanage überlassen worden,
blieben aber dem Namen nach unter der Verwaltung des byzantinischen μεγαδούξ, des Oberadmirals.

Den 27. Mai 1306 schloss Vignolo de'Vignoli, „ein Bürger
von Genua", einen Vertrag mit Fulco de Villaret, dem Grossmeister der Rhodiserritter, nach dem diesem Leros überlassen
wurde.[2]

Es scheint, dass nach dieser Zeit die Befestigung des Schlosses
Κάστρο und des Bollwerks Μπούρτζι verstärkt und vielleicht die
Warte auf Archángelos (s oben S 17 f.) angelegt oder hergestellt
wurde. Die Umwandlung des Κάστρο in einen festen Platz, der
heftigen Angriffen Widerstand leisten konnte, erfolgte aber viel-

---

[1] In der Allgem. Encyklop der Wissensch. u. Künste I. Sektion 85. u.
86. Teil. Leipzig 1867/8. (Hieher einschlägig 85. Teil von S. 393 an).

[2] Vgl. auch *Bosio*, Jacomo, Dell' istoria della sacra religione di S. Giovanni Gierosolim. Roma 1594. II, p. 30 s.

leicht erst, als einem Rhodiserritter deutscher Zunge, einem Festungserbauer ersten Ranges, Hesso von Schlegelholtz, Präzeptor oder Komthur von Rottweil in Württemberg, im Februar 1386 Kos, Kalymnos und Leros als Lehen gegen 100 Gulden Jahrespacht auf zehn Jahre übertragen wurden. Die umständlichen weiteren Bedingungen stehen bei *Bosio* und bei *Coronelli* und *Parisotti* (s. o., S. 8 u. A. 8). Um 1391 wurde ihm das Lehen, das er bis zu seinem Tod, 1415, inne hatte, bestätigt. Die drei Inseln wurden dann dem Grossmeister untergeordnet und durch Stellvertreter verwaltet. 1436 wurde die Castellanei von Leros dem Fantino Quirini, Bailli von Venedig, übergeben. Von den vier steinernen Wappenschildern, die auf Leros sich jetzt noch vorfinden (Γεδεών, Έγγραφοι λίθοι σελ. 56) ist das mit den zwei Feldern Rechenpfennige, gekreuzt mit zwei Feldern Lilien das der Quirini. 1445 beklagten sich die Lerier über Bedrückungen durch diesen Castellan,[1]) der auch Burgherr von Nisyros und Kos geworden war, dem Leros in diesen Zeiten immer angegliedert blieb. 1450 wütete auf der Insel die Pest. Den 7. August 1453 bekam Jean du Fay die Statthalterschaft auf Kos, Kalymnos und Leros, und überliess sie 1454 an Giovanni di Castronuovo. Die nächsten Burgherren sind Ademar de Puis, Jacques de Lavialtreis, 1492 Rinaldi di San Simone, Bailli von Morea, dessen Befestigungsmeister Filippo di Guidone die Werke herstellen musste,[2]) Odoardo de Carmandino (bis 19. Oktober 1495). Im Oktober 1483 und im Dezember 1495 verheerten starke Erdbeben die Insel.[3]) Die drei Inseln fielen 1495 durch Beschluss des Ordenskapitels dem Grossmeister Pierre d'Aubusson zu (s. o. S. 11, Urkunde no. CXV). Dessen Luogotenenten waren: 1501 Jean Daton, 1501—1505 Constanzo de Opertio, 1503- 1505 Bernardo de Agrascha, 1505—1507 Berengaro de Monsalez, 1507—1510 Antonio de S. Martino unter dem Grossmeister Eméric d'Amboise, dessen Wappenschild (zwei Jerusalemerkreuze und zwei Felder mit vertikalen Sparren) an der nördlichen Mauer des Κάστρου eingemauert sind, 1510—1513

---

[1]) Libri bullarum (s. o.) n. 39 (1439—40) fol. 241.
[2]) *Bosio*, 1 511.
[3]) *Schmidt*, Jul., Stud. über Erdbeben". Leipz. 1879, 157 aus *Coronelli* u. *Parisotti*.

Guido de Ragusa (in seinem Namen war Panzetto Duro Castellan von Leros), 1513—1515 Franz Sanz, 1515—1516 Giov. Parisotti, 1516—1519 Giov. Giberto. In die Zeit der Verwaltung des Berengar de Monsalez (1505—1507) fällt die geschickte Abwehr des Angriffs des Kemali-Reïsi durch den 18jährigen piemontesischen Ordensritter Paolo Simeoni, der Greise und Frauen auf dem Kastron in Ritterkleider steckte und sonst den Anschein erweckte, als sei in der Nacht Verstärkung eingetroffen.[1]) Unter dem letzten Castellan, Jean de Vidoux, ging die Insel 1522, nach dem Fall von Rhodos an die Türken verloren.

d) Bis auf den heutigen Tag.

Den 1. Januar 1523 wurden die Inseln Rhodos, Kos, Leros, Kalymnos, Nisyros u. a. von den Johannitern verlassen, die Türken nahmen sie in Besitz. Murad III. erliess 1580 ein Iradé, das den Bewohnern der Inseln des weissen (griechischen) Meeres eine grosse Anzahl während der Feudalherrschaft jedenfalls verkümmerter Freiheiten, darunter die gemeindliche Selbstverwaltung, zubilligte. Die Johanniter kamen noch mehrmals (1604, 1610) mit ihrer Flotte nach Kos und den Nachbarinseln, ihrem früheren Besitztum, und plünderten die Gestade. 1648 griff Foscolo, der Admiral einer venezianischen Flotte, das Kastron von Leros an, überrumpelte den türkischen Befehlshaber, liess Kugeln nach den unteren Teilen der Befestigung und Bomben auf die höher gelegenen schleudern und sein Fussvolk unter Führung des Grafen Sabini landen. Seine Berennung hatte Erfolg. Der Befehlshaber trat zum Christentum über.[2]) Die Bresche, die damals in die nw. Mauer des Kastrons gelegt worden, wurde später notdürftig ausgebaut. Unbrauchbare Kanonen liegen jetzt noch oben auf den Wällen.

Während des griechischen Freiheitskampfes verhielten sich die Lerier anfangs ruhig. Den Verlauf des Seekampfes, der Seeschlacht von Jerónda (beim alten Branchidai) oder von Mandália oder von Kos genannt wird (29. Aug. 1824), konnten sie von den Höhen ihrer Insel verfolgen und sehen, welche Ver-

---

[1]) K. *Hopf*, a. a. O. II, 167.
[2]) *Coronelli* (s. oben S. 12) p. 349.

heerung die Brandschiffe der Hydrioten, Psarioten (von Psára bei Chios) und Spetsioten unter den ägyptischen, tunesischen und türkischen Fregatten anrichteten. Bald nachher tötete der Grieche Simbekis aus Symi (Insel bei Kos) einen Türken von Pantéli, worauf dessen Glaubensgenossen auswanderten, und regierte als Bürgermeister. Auch nach Beendigung des griechischen Befreiungskrieges bildete Leros unter dem Gemeindevorsteher Μάρχος Ῥείτης drei Jahre lang einen Teil Griechenlands, dessen Präsident Joánnis Kapodistrias war. Dann wurden die südlichen Sporaden gegen ’Ewwia ausgetauscht, ein türkischer Agá, später ein Kaïmakám (S. o. S. 17) mit dem Rang eines Regimentskommandeurs (Beï), dem ein von dem übergeordneten Paschá von Chios bestätigter Rat von Leriern zur Seite steht, waren bis heute Vertreter der Regierungsgewalt. Ein türkischer Sekretär, ein griechischer Untersekretär, ein Polizeioffizier, ein Gendarmeriehauptmann mit einem Feldwebel, zwei Unteroffizieren und zehn Gendarmen (darunter acht Albanesen), dann ein Kassier und zwei Zollbeamte sind ihm untergeben. Gegen 40 Türken leben auf der Insel. Der Gerichtshof für Leros und das dazugehörige Nahié Patmos mit Lipsos hat einen christlichen Vorsitzenden. Als Rechtsquelle gilt das Ἑξάβιβλον τοῦ Ἀρμενοπούλου und heimisches Zivilrecht, das vor 210 Jahren auf Leros Gewohnheitsrecht wurde. 200 türk. Pfund an Steuern (= 3600 M.) und die Zolleinnahmen (8 % von den Waren) sind die Einkünfte der Regierung. Die δημογεροντία (2 δημογέροντες und 2 Beisitzer), von der Tagsatzung der Lerier gewählt, besorgen die städtische Verwaltung im Ehrenamt. Die jährlichen Gemeindeeinkünfte bestehen in dem Zehnten von allen Produkten und den Abgaben für die Weide (zusammen gegen 9000 M.). Der Gehalt für die Ärzte, die Ausgaben für die Apotheke, für den Ausbau des Hafendamms (Μουράλιο, italienisch = muraglio), die Schulen, die Aufwendungen und die Zuschüsse an Dampfschiffgesellschaften werden durch Umlagen nach dem Vermögen bestritten.

Auf Unterricht haben die Lerier immer etwas gehalten. Ich habe mich von der Geweckheit und Lernbegier der Zöglinge der hellenischen Schule selbst überzeugt. Schon um die Mitte des 18. Jahrhunderts gründete Damaskinós auf Leros eine höhere Lehranstalt, über die ich, da sie Ikonomópulos nicht erwähnt, nach freundlichen Mitteilungen des H. *Ampelás* einiges Wenige mitteile. Etwa 30 Schüler lernten jährlich bei ihm griechische Litteratur und Theologiewissenschaften. Auf lange Zeit hinaus wurden die erzbischöflichen Stühle von Ephesos und von Iraklia am Pontos mit Mönchen, die aus dieser Schule hervorgegangen waren, besetzt.

Dem Bildungsdrang verdanken die Lerier ihren Wohlstand. Als das Meer am Ende des ersten Drittels unseres Jahrhunderts von Freibeutern gesäubert war, verlegten sie sich in ausgedehntem Mass auf Handelsverkehr, besonders nach dem Süden. (S. o. S. 16.) Eine Anzahl grosser Handelshäuser in Káhira und Alexandrien hat Lerier zu Gründern. Der Verkehr steigerte sich mit der Verwendung der Dampfkraft zur Fortbewegung der Schiffe. Prof. Angerers Pastillen (als Heilmittel gegen Trachom) und echtes Münchener Bier, wie ich es, von meinen Freunden eingeführt, im gastlichem Hause des Grosskaufmanns H. *Trákas* getrunken habe, sind Verkehrswaren aus unserer engeren Heimat. Die etwa 8500 Lerier von heute haben 18 grössere Schiffe (Goeletten) von 118—688 Tonnen und gegen 30 kleinere (Bratzéren).

Ackerbau und Viehzucht sind freilich auf dem alten Standpunkt geblieben oder zurückgegangen. (S. o. S. 25); aber die Mannigfaltigkeit der angebauten Pflanzen ist grösser geworden. (S. o. S. 25.) Es gibt jetzt Bananenbäume, Luffakürbisse und manche andere Gewächse aus südlicheren Gegenden. Die alten Mandelbaumanpflanzungen und Weingefilde (17 Arten Trauben) werden immer noch sorgfältig gepflegt.

Dass sich von den Namen der Klostersassen des XIII. Jahrhunderts keiner bis auf den heutigen Tag erhalten hat, lässt den Schluss nicht zu, die Bevölkerung hätte sich durchaus geändert.

Denn die Namen sind in jenen Gegenden heute noch nichts Festes. Allen Eigenschaften und insbesondere ihrer Sprache, dem Dialekt der südlichen Sporaden, nach ist die Bevölkerung seit langer Zeit auf Leros eingesessen. Die meisten Ortsnamen aus dem XI. Jahrhundert haben sich erhalten.

Die altertümlichen Sitten — so klagen manche Lerier — drohen zu verschwinden. Aber es wird noch lange dauern, bis die althergebrachten Gebräuche bei Geburten, Hochzeiten und

Leichenbegängnissen ganz vergessen, die Trachten durch europäische werden ersetzt sein. Alte Lieder hörte ich mehrfach singen, auch Stücke aus einem längeren Hochzeitslied, das schon Ikonomópulos veröffentlicht hat. Ich setze einige Zeilen nebst Übersetzung hieher:

Εὔμορφος πούνε ὁ γαμβρός, 'σὰν ἥλιος εἰς τὴ δύσι.
Σὰν ἄγγελός μου φαίνεται, ὅταν θά μου 'μιλήσῃ.
Εὔμορφη πούν' ἡ νύφη μας 'σὰν τοῦ πουνέντι τᾶστρο,
Σὰν ἥλιος ποῦ τὸ πρωὶ προβαίν' ἀπὸ τὸ Κάστρο.
'Απ' ὅλα της τῆς νύφης μας τὰ μάτιά της μ' ἀρέσαν,
Ὁπ' ἔχουν τὸν αὐγερινὸ καὶ τὸ φεγγάρι μέσα.
Τὸ γιασεμὶ στενόφυλλο, μὰ 'χει μεγάλους κλώνους·
Γαμβρέ μου, εἰς τὸ σπῆτί μας νὰ ζήσῃς χίλιους χρόνους.

(Schön ist der Bräutigam, wie die Sonne beim Untergang; wie ein Engel kommt er mir vor, wenn er mit mir spricht. Schön ist unsere Braut, wie der Abendstern, wie die Sonne, wann sie hinter dem Kastron aufgeht. Vor allem haben mir an unserer Braut die Augen gefallen, die wie der Venusstern und der Mond erstrahlen. Jasmin hat nur schmale Blätter, aber dichte Kronen; mein Bräutigam, leb in unserm Haus tausend Jahre!)

Verzeichnis der griechischen chorographischen und topographischen Namen.

(Abkürzungen: "Αγ. = "Άγιος = heilig, 'Αγ. = 'Αγία = heilige; άκρ. = ακρωτήριον = Vorgebirg; έκκλ. = εκκλησία, εκκλησίδιον = Kirche, Kapelle; θέσ. = θέσις = Flurname; κόλπ. = κόλπος = Bucht; νησ. = νησίδιον = Eiland; όρ. = όρος = Berg; όρμ. = όρμος, ορμίσκος = Reede; πούντα = Landspitze). Die Namen aus dem 11. Jahrhundert sind gesperrt gesetzt.

Άγκιστρος άκρ. 23
Αιγιαλός θέσ.
Άλινδα θέσις 14, 22, 28
Άλίνδων κόλπ. 19
τό Άλωνίτζιν
Άμμος, θέσις 14, 16, 21, 22
ό Άνθρωπόλιθος
Άπίτος όρ. 22
Αρχάγγελος νησ. 5, 4, 10, 17, 18, 19
Άσπρη Πούντα bei Κρυφός 21
Άσπρη πούντα bei Παντέλι 23
Άσπροι Κρημνοί
Άσπροι Λίθοι
ό Άσπρόλιθος
Ασφούγγαρος άκρ. 21
Βαγιά όρμ. 21, 27
Βαθειά λαγγάδα 18, 23
τού Βάρδα άμπέλιον
Βελόνα νησ. 20
ή Βίγλα 21
Βιγλιά όρος 21
Βρομόλιθος άκρ. 23, 25
Γλαρονήσια 9, 19, 20
Γούρνα έπαυλις (20)
Γούρνας κόλπος 20
Γωνιά an der Bucht von Lakki

ή σκάλα των Διαπορίων 4, 18, 25
Δρακοντόσπηλιο Höhle 25
ακρωτήριον τού Δραμώνθου
Δρομόλιθος s. Βρομόλιθος
Δρυμώνας θέσις 23, 27
τού Έπισκόπου τό αίγιαλιτοχάριον
Ζύγωμα θέσ. 22
Άνω Ζύμη άκρ. 21
Κάτω Ζύμη 21
"Αγ. Ήλίας όρ 22
τού Θεολόγου έκκλ. bei Λακκί
τό άνάραχον τού θόλου
Θωμάς θέσ.
"Αγ. Ιωάννης (όρμ.)
Καγκέλ[λ]η 14
τού Καθαρομανδύλη άμπέλιον
ό Καλικάρης θέσ.
Καμάρα θέσ. 5, 21, 16, 21, 25
τό προάστειον Καρδάμου
Κασσιώτου λιμάνι (όρμ.)
Καστέλλι όρ. 22
τό Καστράκι 22, 36
Κάστρον 5 A. 1, 12, 13, 26, 32, 39, 41, 44

Καταιβατή δρ. 18, 23
Κατακρωτήρι 22
Καταφίδι 25
Κατσούνι άκρ. 23
Κεράμοι (Höhlen) 25
Κεραμωτόν
Κεφάλα άκρ. 23
Άγ. Κιουρά όρ. 18, 21
Κλειδί όρ. 14, 21, 22
Κόκκινα bei Λακκί
Κονίσματα Ausläufer d. Πατέλλα
Κοραής άκρ. 21, 47
τοΰ Κόρακος τό άκρ. 21
Κουρκουδιαλόπετρες etwa Σκουρκουγκαλόπετρες
αγρός τών Κουρουνών 10
Κουφόβουνος όρ. 16, 25
Κριθώνι θέσ. 14, 16
Κρυφός αιγιαλός 21, 25
Αγία Κυριακή
Άγ. Κυριακή νησ. 20
Άγ. Κυρίκος 21
Λακκί θέσ. 5, 22, 32
Λακκίου κόλπος 19
Λειά (δρμ.) 18 Anm. u. 22
Λευκό θέσ.
τά Λέπιδα 2, 8, 9, 22, 23, 25, 27
(Lerillo νησ.) 4
(Λερίλόνι νησ.) 4
ή Λεροκάλυμνος 5
Λέρος (Λέρνος) 1 u. oft. 18
u. Anm.
Λιθάριον θέσ.
Λίμνη bei Λακκί
τό Λινοβρόχι θέσ. 48
Άγ. Λουκάς am Κλειδί
ό αιγιαλός τής θαλάσσης
λεγόμενος Μαλλωτάρη

Μακρυά σκάλα άκρ. 23
Άγ. Μαρίνα 11, 12, 13, 14, 19, 26.
Άγ. Ματρώνη 18
Μάρκελλος άκρ. 22, 25
Μαύρη πέτρα
Μαύρη Ράχις 25
Μαύρος κάβος = Τραχήλι 23
Μεγάλη Κινστέρνα 26
Μεγάλη Λαγγάδα
Μερικιά θέσ. 23, 27
Μεροβίγλι όρ. 22 f., 26, 32
Μηλιές θέσ. 27
τό Μονάστρατον
Μουράλιο προκυμαία 42
Μπαιράμι (Höhle) 25
Μπούρτζι φρούριον 17 u. Anm. 39
Μπουρτζίου άκρ. 17 u. Anm.
Άγ. Νικόλαος Μερκλούδης 22
Άγ. Νικόλαος 38
Ξεροκάμπου όρμ. (5), 23
Ξηρός ρύαξ d. h. Trockenbett
vielleicht am Ρήχτης
αί Όξείαι Πέτραι
οί Όξείς Λίθοι
Πάγκες oder Παναγιές 21
Παλαιόκαστρον 5
Παλγασκλούπη (Quelle) 26, 36
τό Παντέλιον προάστειον 3,
12, 13, 22, 47
Παρθένιον προάστειον 3 Α. 6,
5, 7, 10 u. A. 1, 11, 12, 14, 16,
21, 22, 32
Παρθενίου κόλπ. 15, 19, 21, 22,
26
ή Πασπαρίνη Πέτρα
Πατέλλα όρ.
Πατελλίδι νησ. 19
Πάτελλο όρ. 23

Πηγανούσα νησ. 20
Πιτύκι ὄρμ. 22
Πλακοῦσα = Πατελλίδι
ἡ Πλάξ (Πλάκα) 22
Πλάτανος θέσ. 12,
Πλοφούτη ὄρμ. 19,
Πλοφούτης θέσ. 22, 26
ἀγρὸς τοῦ Πολυφούτη θέσ.
10, 27
τὸ Ποπούρι 12, 47
Πρίνοι θέσ. 27
Ῥάχις θέσ.
Ῥήκτης θέσ. 25
Ῥίνα θέσ. w. von Parthéni
Ἁγ. Σίδερος νησ. 5, 25,
Σκινῶντα θέσ. 23, 25, 27
Σκουρκουγιαλόπετρες 48
Σκρώφες σκόπελοι 23
Σκυλλόκρεμος

Σμαλού 5, 14, 16, 21, 47
Σπήλια (Höhle) 25
ἡ Στρόβηλος (!) προάπτειον 21
u. Anm.
Στρογγυλή νησ. 19
Συκιά θέσ. 22, 27
Τεμένια 5, 10 u. A. 2, 11, 12, 25,
27
Τέσμαρι 18, 22, 47
Τζίγκουρας (Τζίγκουνας) ὄρ. 23
Τουρλωτή ὄρ. 22, 25
Τούρτουρας ὄρ. 23
Τραχήλι = Μαῦρος κάβος
Τρίοδι θέσ. bei Ἄλινδα
Τρυπητή νησ. 19
Τσίγκουρας ὄρ. (Τσίγουνας)
Φαραδονήσια 2 ff, 8, 19, 47
Χοχλακοπός (Seehöhle) 25, 48
Χωρίον (Χωριό) 12

Wenn ich die obenstehenden Reihen überschaue, so finde ich, dass von den Appellativis nur Κοραῆς, Παντέλι, Ποπούρι, Φαραδονήσια, Σμαλού und Τέσμαρι, wenn sie wirklich Appellativa sind, ihrer Ableitung nach mir vorläufig unerklärlich scheinen. „Est quaedam nesciendi ars." — Wie die Lerier ihrem Körperbau, ihren Komplexionen, ihrem Gehaben und ihrer Sprache nach in nichts von den umwohnenden Griechen abweichen, so finden sich auch dieselben Ortsbezeichnungen — von Eigennamen abgeleitete ausgenommen — im ganzen Gebiet des östlichen Mittelmeerbeckens und darüber hinaus. Der Ideenkreis, aus dem die Namen geschöpft sind, ist nicht weit ausgedehnt. Das „schwarze Vorgebirg", der „zackige Fels", die „Gestadesteinbrocken" (Σκουρκου[αι]γιαλόπετρες), der „weisse Stein", die „langgestreckte Schlucht", die „grosse Cisterne", die „Tamarisken", die „Grube", „das Gesäuse" (Χοχλακοπός), das „Schloss", das „Dorf", die „Leinwandbleiche" (Λινοβρόχι) u v. a. sind Bezeichnungen, die sich überall, wo Arier wohnen, wiederfinden.

Inhalts-Verzeichniss.

Altertum:
  Baureste 5, 12, 14, 15, 36.
  Besiedelung 31 ff.
  Inschriften s. d.
  Kunstwerke 37.
  Milesier 30 ff.
  Verfassungsform 32.
  Artemistempel 15, 33, 34.
  Behörden, türk. 13, 42.
Beschreibung der Insel 1 ff. 18.
Grösse 18.
Bewohnerzahl, heutige 43.
Bewohner 7.
Schicksale 29 ff.
Eigenschaften 43.
Sprache 43.
Gebräuche 43.
Lieder 43, 44.
Bischöfe u. Erzbischöfe 38.
Burgherren, Castellane (Wappenschilder) 40.
Christliche Gemeinde 29 f., 37.
Delisch-attische Symmachie 35.
δημογεροντία 12, 13, 42.
Erlasse byzant. Kaiser 9 ff., 38.
Ernte 5.
Fauna 28.
Fischerei, Fische 17, 28 f.
Flora 7, 27, 43.
Folklore 7.

Genuesen 39.
Geologisches. Geognostisches. Gesteine 16, 19, 24.
  archäischer Habitus 24.
  jüngere Formation 24.
Götterverehrung 33 f.
Handel 12, 33, 43.
Inschriften, griechische 5, 8, 9, 13, 15, 16, 33, 36, 37.
Jagd 28.
Johanniter 12, 39, 40, 41.
Karte der Insel 4, 5, 7, 9, 18, 26.
Klima 27 f.
Landschaftsbild 29.
Milesier 30 ff., 33.
Münzen 33.
Onomatologie der Ortsnamen von S. 10 an und 45—48.
Perlhühner 28, 34.
Protokolle byzant. Beamter 9 f., 21.
Quellen 26, 36.
Schiffahrt der Lerier 19, 33, 43.
θολάρια (Grabgewölbe) 16, 31.
Trockenbäche 25 f.
Türken 41, 42.
Venezianer 39, 41.
Volksbildung 7, 14, 42 f.
Volkswirtschaft
  s. Fauna, Flora, Handel, Schiffahrt, dann S. 43.